生きた建築 大阪 2

LIVING ARCHITECTURE in OSAKA

140B

まえがき

高岡伸一

本書は、２０１５年に世に送り出した『生きた建築 大阪』の続編です。前書で取り上げた50件の建築は、大阪市の「生きた建築ミュージアム事業」の中で、「大阪セレクション」として選定されたものでした。選定に際しては、民間の取り組みに着目してあえて公共建築を外し、すでに評価の定まった重要文化財も除外しました。従って、前書をご覧になった方の中には、「なぜあの建築が入ってないのか」と、不思議に思われた読者もいるかもしれません。

もちろん公共建築や重要文化財の中にも、「生きた建築」はたくさんあります。そこで本書では、前書で取り上げることのできなかった公共建築と文化財指定された建築、そこに民間の建築をさらに加えて、計53件を取り上げました。前書と本書を合わせてご覧いただくことで、大阪の建築の全体像が見えてくる内容になっています。

さてあらためて「生きた建築」ですが、これは本書を監修した橋爪紳也氏が、リビングヘリテージや文化的景観の概念を下敷きに提唱しているコンセプトです。貴重な文化財として実社会から切り離すのではなく、日常生活の舞台として都市文化を育み、人々の暮らしを豊かにする、生きた遺産として建築を捉えようとする考え方です。意匠や用途の大胆な変更も、社会の営みから生まれる必然ならば、それもまた都市の歴史や文化でしょう。そこには、新たな変化としての現代建築も含まれます。

大阪では、歴史的都心である船場を中心に２００５年前後から、用途転用を伴う近代建築の積極的な利活用が活発になっていきました。戦後の建築についても、大胆なリノベーションによって新たな価値が生まれ、オフィスや住居として注目が集まっています。こういった再生は不動産としての事業性を高め、そのかけがえのない魅力は広く共有されるようになっています。

その一方、事業的な側面とはまた別の、まちづくりなどでの社会的活用とでもいうべき動きがあったことは、あまり知られていません。例えば船場では、やはり２００６年頃から建物所有者と地域の人々、そこに大学や行政が加わって、不動産とは異なる地域の共有財、つまりコモンズとして近代建築を捉え、公開やイベント会場としての提供、地域ぐるみの情報発信など、いわゆるエリアマネジメントの萌芽として、さまざまな取り組みが行われてきました。その大きな成果の一つが、毎年秋に開催される建築の一斉公開イベント「生きた建築ミュージアムフェスティバル大阪」なわけですが、その成功の背景には、10年以上に渡る地道な積み重ねがあったのです。

本書では、53件の建築をおおよそ建設された年代順に並べました。建っているエリアで分類した前書とは、対照的な構成になっています。年代順に読み進めることで、近代から現代に至るまでの建築の変化がわかるだけでなく、そこから大阪という都市の歴史が読み取れるように配慮しました。また建築の歴史は木造からコンクリートへ、そして装飾的な洋風建築から合理的なモダニズム建築へと、必ずしも単線的に進化したわけではない、ということにも気づいていただけると思います。大阪という限られたエリアの中でも、常に建築は多様な可能性に開かれていたのです。

そして本書が歴史の教科書と大きく異なるのは、年代順に並べられたすべての建築が、私たちと共に現代に「生きている」ということです。それぞれが固有の物語を内包する建築の集積として都市はあり、私たちは複数の時空が絡まり折り畳まれた、実に豊かな多次元の空間を生きているのです。それこそが、都市という人類最大の創造物の魅力なのだと思います。一つひとつの建物は、その時空間への入口であり、本書が扉を開くきっかけになれば幸いです。

目次

第Ⅲ章 「大」から「新」への戦後 95

第Ⅳ章 現代建築の展開 139

対談 大阪建築史への招待

本書の見方

近代の幕開け

金融街にいち早く広まった
赤煉瓦の洋館。
今は人気のブライダル建築。

高麗橋ビル

Koraibashi Building

（オペラ・ドメーヌ高麗橋）

［旧称］大阪教育生命保険
［所在地］大阪市中央区高麗橋2-6-4
［建設年］1912年
［構造・規模］煉瓦造2階
［設計］辰野片岡建築事務所

予約すれば可（ウェディングのみ）

MAP p191 B-2

32

◉建物の名称

◉建物概要

◉アイコンの見方

内部見学不可

カフェ、レストランなどあり

ショップ、ギャラリーなどあり

御堂筋と堺筋のちょうど真ん中を南北に通る三休橋（さんきゅうばし）筋は、沿道に歴史的建築物が多く残る街路で、高麗橋の交差点に建つ高麗橋ビル（オペラ・ドメーヌ高麗橋）は、浪花教会（P64）と並んで建っている。

1912年（大正元）に完成した赤煉瓦の外観は、ちょうど三休橋筋の北詰にアイストップのように建つ、中之島の中央公会堂と印象が似ている。白い御影石で帯を幾重にも回す意匠も同じだ。

それもそのはずで、この建物を設計したのは建築家・辰野金吾が片岡安と共同で設立した辰野片岡事務所。辰野は中央公会堂の監修者であり、片岡は岡田信一郎という若手建築家のコンペ案をもとに、実施設計を担当した。一街区北に建つグランサンクタス淀屋橋も、最初の建物は彼らの設計によるものだし、中之島には辰野金吾の代表作の一つである日本銀行大阪支店もある。辰野は首都東京を拠点に活躍した建築史上の偉人だが、彼の影響は大阪においても大きかったことがよくわかる。

この建物は、最初は大阪教育生命保険の社屋として建てられた。戦後は長らく証券会社が入っていたが、2002年に高級フレンチレストランが本店を構えた際に内部を大きく改修し、現在はオペラ・ドメーヌ高麗橋というブライダル会場として活用されている。

2013年度には地域の協議会のサポートを得て外観の改修を実施。レストランへと改修した際に開かずの窓となってしまった三休橋筋に面する窓枠に照明を仕込み、沿道の夜のにぎわいづくりに一役買っている。そして屋根裏にずっと眠っていた色鮮やかなステンドグラスが、改めて正面玄関に据えられた。

以前から古い教会での結婚式は人気があったが、近年は中央公会堂や綿業会館など、レトロな近代建築で式を挙げるカップルが増えていて、週末になるとオペラ・ドメーヌ高麗橋には、新郎新婦を中心に祝福の輪が広がり、北船場の街並みに彩りを添えている。

三休橋筋と直交する高麗橋通は、その名が示す通り東横堀川に高麗橋が架かり、江戸時代から東の大阪城へと至る目抜き通りであった。越後屋が大阪に両替商を構えたのも高麗橋通で、堺筋との交差点には三越大阪店と三井銀行が建つなど、北船場のなかでも格式の高い通りと言われている。しかし近年はかつての活気が失われ、長らく停滞期が続いていた。それが2000年代の後半くらいから、地域と大学や行政が協働して、近代建築などの文化遺産を活かした地域活性化に取り組み始めた。老舗が集積するこの一角は、歴史・文化を活かした街づくりによる北船場の復権を担う、中核的なエリアと言えるだろう。高

右：外観正面。竣工時は中央がもっと筒状に張り出し、頂部にとんがり帽子の屋根が載っていた。軒切りによって狭められ、現在の姿に改修された。
左：内部はフレンチレストラン時のインテリアを活かしつつ、ブライダル会場として大幅に改修されている。

33

◉執筆者の署名

倉……倉方俊輔
高……高岡伸一

注意事項

◎本書に掲載されている写真は、所有者の許可を得て撮影しています。無断で内部の写真撮影をしたり、建物内に入ったりすることのないようにお願いします。
◎建築見学のみを目的とした飲食店やショップなどへの入店はご遠慮ください。
◎見学可能な建物でも、関係者以外立ち入り禁止のエリアがあります。各建物の案内に従って見学してください。

初出

本書は産経新聞の連載「都市を生きる建築」に掲載された記事を中心に再構成しました。その他は書き下ろしです。

第Ⅰ章
近代の幕開け

1871年　泉布観
旧桜宮公会堂
1903年　日本銀行大阪支店
1904年　大阪府立中之島図書館
1903年　旧小西家住宅
1910年　旧鴻池本店
太閤園淀川邸
1912年　高麗橋ビル
北浜長屋
1918年　大阪市中央公会堂

やさしくたたずむ、
「激動の明治」の遺産。

泉布観
Sempukan

旧桜宮公会堂
Kyusakuranomiya Kokaido

泉布観　［所在地］大阪市北区天満橋1-1-1　［建設年］1871年
［構造・規模］煉瓦造2階、一部地下1階　［設計］T.J.ウォートルス

例年3月、公募による見学あり

旧桜宮公会堂　［所在地］大阪市北区天満橋1-1-1　［建設年］1871年、1935年
［構造・規模］石造・SRC造2階、一部地下1階［設計］T.J.ウォートルス

ともに国指定重要文化財（旧桜宮公会堂は正面玄関部分のみ）

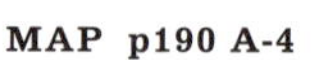

今も使われている民間の名建築群が大阪の魅力。しかし、改めて国の重要文化財に指定されている桜ノ宮公園内の泉布観（せんぷかん）と旧桜宮公会堂に注目したい。明治が日本の激動期だったとわかる大都市の建築遺産として、東京にも横浜にもない貴重なものだ。

泉布観は1871年（明治4）に操業を開始した造幣局の応接所として建てられた。デザインは、正式な建築教育を受けた設計者が活躍を始める以前の、明治初期の洋風建築の典型を示している。左右対称で中央に車寄せがあり、手すりの付いたベランダが四方にまわっている。車寄せの上のベランダは一段と広く、他が縦長窓の中、ここだけがアーチ状の出入口で目を引く。柱の形は古代ローマの建築に由来するもので、この建物ではトスカナ式と呼ばれる形式。それまでの日本建築とは違ったこうしたスタイルが、役所

泉布観の2階はベランダになっている。ベランダとは建物の外周沿いで、屋根のかかった外部スペースを指す。西洋人がアジアの植民地で用いていたこの住宅の形式が開国後、日本の居留地に持ち込まれ、特に明治半ばまでの期間、住宅のみならず、庁舎や警察署などの洋風建築で流行した。

や学校などの公の施設に用いられ、初めて目にした人々に文明開化を印象づけたのだった。

現存する大阪で最も古い洋風建築である泉布観も、そんな役割を果たしたに違いない。しかも、本格的なつくりである。壁は煉瓦、柱は花崗岩（かこうがん）でできていて、部屋ごとに全部で8つもの暖炉を備えている。照明には当初からガス灯を用いていた。

泉布観の「泉布」とは貨幣の意味。完成の翌年、ここを訪れた明治天皇が命名した。信頼される貨幣の流通は、明治の国づくりの急務だった。1868年（明治元）、大阪城内外の建造物の造営や維持管理を行う役所の材木置き場などがあった大川沿いのこの地に、巨大な造幣工場の建設が決まった。

工場群の威容を彷彿させるのが、旧桜宮公会堂の正面部分だ。泉布観と同じくアイルランド出身の技師・ウォートルスの設計で、1871年に完成した鋳造場の正面玄関を、1935年（昭和10）に移築して現在の姿となった。簡素で重厚な神殿のようなデザインに、国の礎としての貨幣鋳造の重責を託したかのようだ。

造幣局は煙突からたなびく煙で江戸時代からの風景を塗り替え、大阪の近代工業の先駆けとなった。造幣局を計画した由利公正（ゆりきみまさ）とウォートルスのコンビは、その後、東京で銀座煉瓦街を実現させ、モダンな商店街としての銀座の基礎を築いた。

造幣局の本局は今も国道1号線の向かいにあり、国の機関としては例外的に東京以外に置かれている。敷地内を通り抜けられる毎春恒例の桜並木の一般公開は1883年（明治16）に始まった。敷地内には創業当時の正門やガス灯なども残り、鋳造場のあった様子が想像できる。桜を愛でながら、激動の中を生きた人々に思いを馳せることができるのも、大阪の特権だ。（倉）

旧桜宮公会堂の正面には石造の造幣寮鋳造所の玄関部が移築保存されている。旧桜宮公会堂は現在、レストランとして活用されている。

異邦人たちがもたらしたもの。

文／大迫 力（140B・編集者）

幕末から明治初期にかけて、「お雇い外国人」と呼ばれる人々が日本のさまざまな学問分野で活躍したことはよく知られています。建築の分野では、工部大学校（今の東京大学工学部建築学科です）で辰野金吾ら日本人建築家の第1世代を育成したジョサイア・コンドルが有名でしょうか。大阪においては、やはり泉布観や貨幣工場の設計者であるトーマス・ジェイムス・ウォートルスを忘れてはいけません。

アイルランド生まれのエンジニアであるウォートルスの経歴はとてもユニークなものです。もともと香港で造幣局の建設に参加し、その経験を活かして日本へ渡ります。最初に鹿児島で工場を手がけたあと、その手腕を買われ、大阪での造幣寮建設という大事業を任されることになりました。

建築の分野においてこうした外国人たちの活躍の場は、主に造幣寮に代表される近代国家の基礎となるプロジェクトや、製鉄所や造船所などの工場の設計でした。大阪におけるウォートルスの仕事は、近代の黎明期に必要とされた建築のありようをよく表しているのです。

またウォートルスがそうであったように、この頃の外国人技術者たちは、新しい建築技術に精通し、その延長として設計もこなすといった感じで、建築家というよりもエンジニアに近い存在でした。中でもウォートルスは「サーヴェイヤー・ジェネラル」を自称し、測量から建設までを一手に引き受けられる多才の持ち主でした。工場に始まり、泉布観に見られるコロニアル風のベランダ付き建築のほか、東京・銀座の煉瓦街などさまざまな建築を手がけたことは、彼の器用さを物語っています。

建築の歴史を理解しようとする時、お雇い外国人の功績を一人で体現するようなウォートルスの建築が二つも残っている大阪は、最初の最初からきちんと見て学べるという点においてとても恵まれた街だと言えるでしょう。

ところで、大阪で活躍した外国人建築家といえば、ウィリアム・メレル・ヴォーリズを思い出す人も多いのではないでしょうか。ただ、ヴォーリズが日本で設計活動を始めたのは、すでに洋風建築が普及しつつあった明治時代の末期ですから、ウォートルスのようなお雇い外国人とは文脈が異なります。とはいえ、大丸心斎橋店などに代表される、ヴォーリズが遺した良質な建築の数々が大阪・関西に与えた影響は計り知れません。

この本で紹介している浪花教会（P64）では、竹中工務店が設計するのに際して、ヴォーリズが設計指導を行っています。また、ヴォーリズ設計の日本基督教団大阪教会を施工を担当した岡本工務店が、近くに建つスパニッシュスタイルのコダマビルを建てるなど、いろいろなつながりが見られます。

その他の外国人建築家では、日本聖公会川口基督教会のウィリアム・ウィルソンがいます。アメリカ人のウィルソンは、埼玉県の熊谷市や川越市にも同じ聖公会の教会を遺しましたが、日本での滞在期間は短かったようで、その詳細はあまり知られていません。

参考文献 『Meets Regional』194号「近代建築という街の遊び方。」（京阪神エルマガジン社・2004年）
『大大阪モダン建築』（青幻舎・2007年）

明治の大建築家が遺した、
関西建築界の起点。

日本銀行大阪支店

Bank of Japan Osaka Branch

［所在地］大阪市北区中之島2-1-45
［建設年］1903年
［構造・規模］煉瓦造・石造2階
［設計］辰野金吾、葛西萬司、長野宇平治

予約すれば可

MAP p191 B-2

江戸時代の豪商・淀屋の名を残す淀屋橋。そのたもとの建物は、伝統と折り合う街、大阪のシンボルの一つだ。御堂筋を挟んで東向かいに建つ大阪市庁舎、国の重要文化財に指定されている大阪府立中之島図書館、大阪市中央公会堂と続く中之島一帯には、かつて蔵屋敷が建ち並んでいた。それらが西洋風に変貌を遂げる先陣を切って、日本銀行大阪支店は１９０３年（明治36）に完成した。

明治の大建築家・辰野金吾（きんご）が設計を指揮した。御堂筋に面した顔は、西洋の古典建築に範をとった堂々としたつくりで、同じ辰野の手による東京・日本橋の日本銀行本店（１８９６年）にも負けていない。

御堂筋を渡った向かい側からも眺めたい。日本銀行本店は手前に障壁があるためにドーム屋根が見えづらい。でも、ここからだと左右対称形を引き締めている様子がはっきり

左：中央のドーム屋根の真下に記念室が位置する。かつて貴賓室と呼ばれていた応接室を、建設当時の部材を再利用しながら復元したもの。床・壁布・カーテン・シャンデリアは新しいものだが、その他は当時のものがそのまま用いられている。天井のステンドグラスの間にある木製レリーフにも注目したい。彫刻されているのは鳳凰、それに「日」という漢字を古代書体からデザイン化した「にちぎんマーク」だ。

と分かる。3年後に完成する日本銀行京都支店（現京都文化博物館別館・1906年）から、辰野はもっぱら赤レンガに石の帯を回した「辰野式」と称されるデザインを使い始める。このような古典的なドーム屋根はあまり用いなくなるのだが、それが久々に堂々と現れたのが、晩年の大作・東京駅（1914年）だ。南北のドーム屋根は戦中に焼け落ちたが、2012年に完成当時の姿に復元された。大建築家の足跡を偲べる位置に大阪支店は建っている。

もう一人、片岡安（やすし）の人生にも大きく関わる建物だ。彼は旧姓・細野安として金沢に生まれ、東京帝国大学で辰野に建築を学んだ。卒業後、日本銀行の技師として大阪に着任。大阪支店に携わっていた最中の1899年（明治32）に、当時、日本生命保険副社長を務めていた片岡直温（なおはる）の婿養子となった。1905年（明治38）には辰野と共同で辰野片岡建築事務所を開設。西日本一円で数多くの建築を手がけ、1917年（大正6）に関西建築協会（現日本建築協会）を設立するなど、政財界とのつながりと第一級の建築知識とを併せ持った人物として、関西における「建築界」の確立に大きく貢献。そんな片岡の活躍も、この建築から始まった。

片岡が推し進めた大阪の近代化は、単体の建物にとどまらない。1916年には日本初の本格的な都市計画の教科書と言える『現代都市之研究』を著した。この本の中で片岡は、都市の大改造を主張する一方、古い建築を尊重することも必要と述べている。

1970年代の中之島は保存か開発かで揺れていた。1971年（昭和46）に大阪市が市庁舎一帯を高層ビルに大改造する計画を発表。これに対して、市民や専門家団体から次々に建築と景観保存の声が上がり、1974年に計画は見直された。片岡も設計に関わった大正時代の市庁舎は建て替えられ、図書館と公会堂は保存された。この日本銀行大阪支店は御堂筋側を中心とした半分強の外壁を維持し、1982年（昭和57）に現在の姿となった。

辰野「堅固」とあだ名された辰野の作品らしく外観は固いが、今では内部見学を基本的に平日の毎日開催しているという親しみやすさ。ドームの内側に位置する記念室は、以前の貴賓室を部材もできる限り再利用して復元したもので、明治時代を体感できる。ぜひ事前予約の上でご訪問を。

伝統との関係に、これが正解と言い切れるものはないのだろう。知恵を出し合い、折り合いを模索する大阪の伝統は、これからも深化してほしい。（倉）

右：記念室の扉の上部にもステンドグラスがある。内側の四角いガラスは開閉できるようになっている。
左：記念室の隣にある階段室。1903 年の建設当時の階段と正面内玄関が位置を変えて保存されている。

西洋建築習得の合格点。
110年を超えて新風を吹き込む。

大阪府立中之島図書館

Osaka Prefectural Nakanoshima Library

［旧称］大阪図書館
［所在地］大阪市北区中之島1-2-10
［建設年］1904年、1922年　［構造・規模］石造・煉瓦造3階
［設計］住友本店臨時建築部（野口孫市、日高胖）
国指定重要文化財

MAP　p191 B-2

中之島図書館を訪れると、本を探す人、熱心にノートをとる人、そして目を閉じてつい微睡む人など、そこには図書館のありふれた風景が広がっている。しかし、その日常が100年を超えて重ねられてきたことに思いを馳せれば、それはかけがえのない都市文化の、奇跡の一コマだということに気付かされる。

中之島図書館は1904年（明治37）に大阪図書館として開館した。東隣に建つ中央公会堂と同じく、民間からの寄付で建てられたことはよく知られている。住友家15代当主・住友吉左衛門友純が、近代都市には図書館が必要と考え、建物と蔵書の購入費を提供した。設計は住友に在籍し、1年間の欧米視察を終えて帰国したばかりの建築家・野口孫市。西洋建築の習得に専心してきた明治時代の日本の到達点とも言える、ネオ・クラシック様式の堂々たる建築を完成させてみせた。中央にドームを配した十字型プランと、コリント式オーダーの立面からなる厳格な構成は、まさに知の殿堂と呼ぶにふさわしい。

1922年（大正11）に野口の部下にあたる日高胖によって、両翼が増築されて現在の姿に。1974年（昭和49）に重要文化財に指定され、1996年（平成8）に東大阪市に府立中央図書館が完成した後は、大阪に関する資料や古典籍を扱うとともに、場所柄ビジネス支援サービスを提供するなど、今も現役の公立図書館として親しまれている。

近年、中之島とその周辺は大きく様変わりした。公園と川辺が整備されてカフェやレストランができ、土佐堀川の

右：外観正面。大階段の上の正面玄関は、約半世紀にわたって閉鎖されていたが、改修工事によって2015年に再びその扉を開いた。
左：頂部のステンドグラスから光が注ぐ2階中央のドーム見上げ。3階の付け柱と手摺りの親柱、そして2階の円柱が正確に8分割で一致している。

対岸には川に向かって屋外席を設ける「北浜テラス」が定着。市役所の横ではマルシェが開催され、秋には現代アートのイベントが催されるなど、水辺のオープンスペース活用としては、国内に例のない先進的な取り組みが行われてきた。これら一連の水都大阪のまちづくりは、２０１５年度に日本都市計画学会の権威ある賞を受賞した。

　そのような流れのなか、中之島図書館も２０１３年から地下免震層の設置を中心とする大規模な改修工事を実施し、２０１６年からは館の運営の一部を民間に任せ、２階の南側にカフェやライブラリーショップをオープン、図書館利用以外の人も訪れたくなる施設づくりに取り組んでいる。

　とりわけ「料理開拓人」として知られる堀田裕介さんが仕掛ける北欧のスモーブローというオープンサンドをテーマ

にしたカフェ、［スモーブロー・キッチン・ナカノシマ］は、公共施設にありがちな軽食コーナーとはまったく異なる本気の店づくりだ。本棚のような木のボックスを挿入した、まさに北欧の街で出会いそうな清廉なインテリアが、花崗岩の重厚な建築に新たな風を吹き込んでいる。

中之島図書館は、110歳を過ぎて大胆な若返りへの挑戦を始めた。民間の自由な発想を活かして、今後も独自の商品開発でライブラリーショップを充実させるなど、図書館を超えた大阪のシビックセンターとなることを期待したい。㊢

右：正面玄関の見上げ。当初は「大阪図書館」として開館、2年後の1906年（明治39）に「大阪府立図書館」と改められた。
中：現在は常時開放されている3階の記念室。家具やカーテンなど、当時のオリジナルがよく保存されている。
左：南側2階に設けられた［スモーブロー・キッチン］のエントランス。

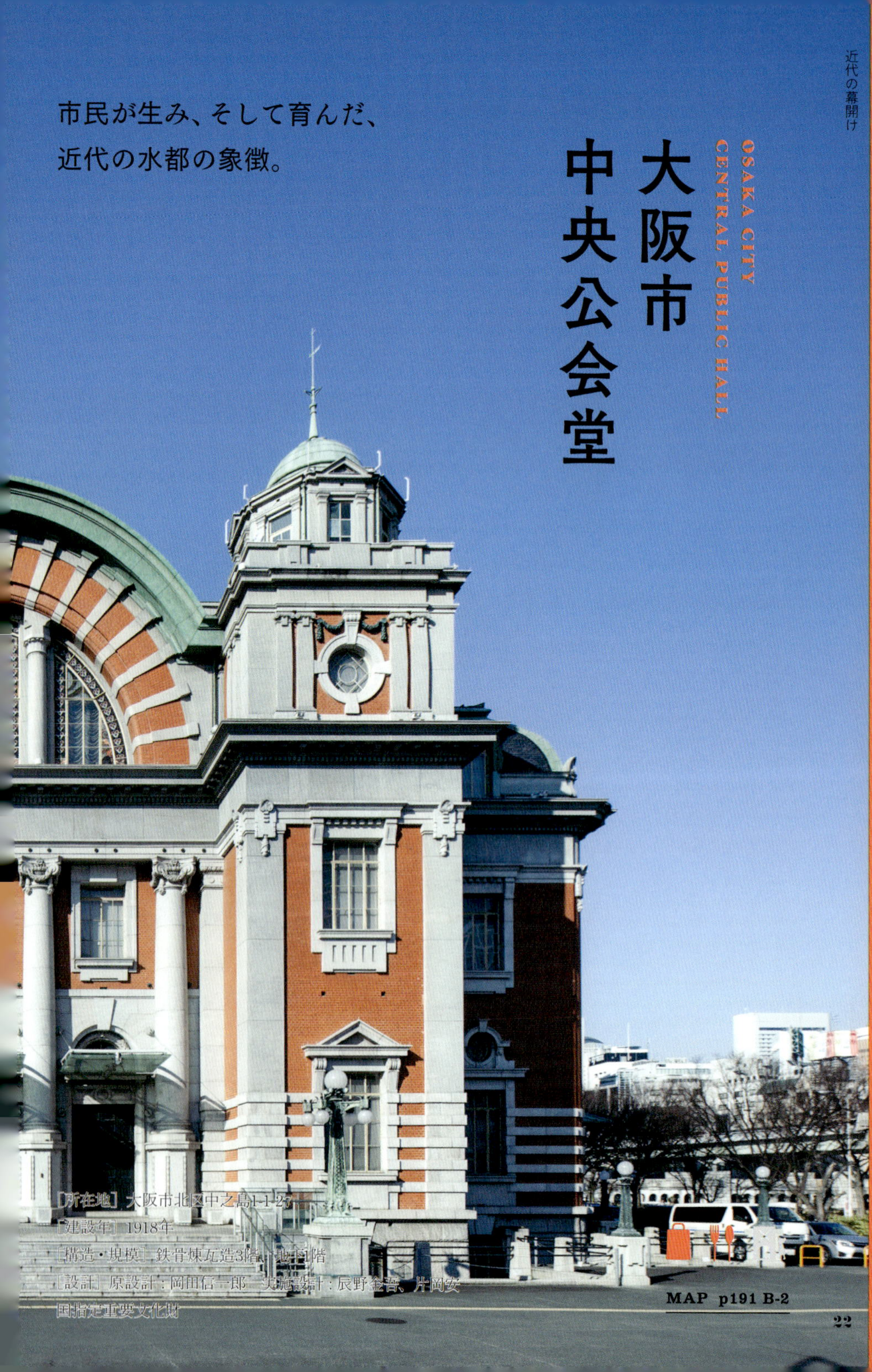

市民が生み、そして育んだ、
近代の水都の象徴。

大阪市中央公会堂

OSAKA CITY CENTRAL PUBLIC HALL

［所在地］大阪市北区中之島1-1-27
［建設年］1918年
［構造・規模］鉄骨煉瓦造3階、地下1階
［設計］原設計：岡田信一郎　実施設計：辰野金吾、片岡安
国指定重要文化財

MAP p191 B-2

水面に映え、人々が心を寄せる大阪市中央公会堂。しかし、岩本栄之助という一人の市民がいなければ、この大阪のシンボルもなかった。

岩本は1877年(明治10)に大阪に生まれ、29歳で両替商の家督を継いだ。すぐに株式仲買商として才覚を発揮。1909年(明治42)には民間の実業家からなる渡米実業団の一員に加わった。アメリカで社会的成功者が公共的な事業に財産を投じている実情に感激し、帰国後、大阪市に100万円の寄付を行うと発表。現在の貨幣価値でいえば数十億円の巨額である。目的は人々に役立つ「公会堂」の建設と定められた。

建設にあたっては、当時最高の人材が集められた。建築界の重鎮・辰野金吾を建築顧問とし、気鋭の建築家17名に提案を求めた。1912年(大正元)に提出された13の案は公表されていて、高くそびえる塔

遠くからも目を惹く正面の大きなアーチ型。最上部には、科学・工芸・平和を象徴する女神「ミネルヴァ」と商業の神「メルクリウス」の像が乗っている。戦時中の金属回収で失われたが、2002年(平成14)に終了した保存再生工事によって復活。

を持つものあり、和風と洋風の折衷を試みたものあり、これが建っていたらと想像するのも楽しい。選ばれた案は提出者中の最年少、29歳の岡田信一郎によるものだった。

敷地は隣が川なので、遠目からの眺めが半永久的に確保される。この長所でもあり難点に対して、岡田は大アーチを中心とした構成で優れた答えを出した。公会堂は1918年（大正7）に完成。岡田の原案をもとに辰野らが設計を行ったために原案の華麗さが抑えられ、辰野らしい親しみやすさが加わったが、伸びやかな大アーチを中心に立体が取り付いたような構成は引き継がれた。これが360度どこから見ても絵になる多面性と、東側正面から人々を迎え入れる方向性とを両立させている。

しかし、落成式典で公会堂の鍵の入った箱を大阪市長に手渡したのは、4歳の岩本の愛児

1・2階の大集会室では、ヘレン・ケラーやガガーリンなどの著名人による講演会、オペラやコンサートをはじめとした数多くの催しが行われてきた。

だった。株価の乱高下に巻き込まれ、進退極まった岩本はその2年前、拳銃を自らに向けて39歳の生涯を終えていた。

岩本が今も有名なのは、都市の風景の一部になる建築として、自らの財産を残したからだ。そして、それが今も目の前にあるのは、多くの無名の市民がいたからだ。

1971(昭和46)年に発表された公会堂の取り壊し、再開発の方向性に対する反対の声は、硬軟取り混ぜた運動で支持を広げ、1988年(昭和63)に保存・活用の方針が決定された。2002年(平成14)に約3年半の保存再生工事を終えて創建時の輝きを取り戻し、現役のホールとしての機能性や耐震性などを獲得。国の重要文化財に指定されるとともに、地下のレストランを新たに外部に開くなどの現代的な仕掛けも加えられ、2018年11月に開館100年を迎える。

現在の内部は次のような

上:大集会室のディテール。古代中国の故事にちなんだ舞楽「蘭陵王」の面を意匠化したものなど、さまざまな要素がミックスされている。
下:木の質感が心地よい小集会室。多くの装飾をコンパクトに詰め込んだ贅沢さ。

部屋名となっている。壮麗なステージに注目が集まる1161席の大集会室、ヨーロッパの宮殿を思わせる最大500席の中集会室、木の内装が包み込まれるような雰囲気を醸し出す最大150席の小集会室、その他に12席から84席の会議室10室がある。現在、特別室と呼ばれているのは創建当時の貴賓室。明治期を代表する洋画家の一人、松岡壽（ひさし）が天地開闢（かいびゃく）をテーマにした壮大な天井画、壁画を描き、窓は慶祝の象徴である鳳凰と大阪市の市章「みおつくし」を意匠化したステンドグラスで彩られている。

趣の異なる各部屋は講演会やセミナー、コンサートやファッションショーなど、それを好きだと思う人々に用いられ、市民の市民による市民のための建築であり続けている。個人の人生は終わっても建築は生きて、今も年々、中之島エリアの環境を良好にしている。倉

右：3階にある特別室は、創建当時は貴賓室として使用された。天井画は、いざなぎ・いざなみが国づくりのため、鉾を授かる瞬間を劇的に描いたもの。
左：宮殿の大広間を彷彿させる中集会室。細部の彫刻やステンドグラスも多様で楽しめる。

近代化の過程を示す和洋併設スタイル。
アール・ヌーヴォーの貴重な洋館。

旧鴻池本店

Former Konoike Headquarters

［所在地］大阪市此花区伝法4-3-55
［建設年］1910年
［構造・規模］木造2階
［設計］久保田小三郎（住友本店臨時建築部）

MAP p192 Ⅲ

大阪市の西部に位置する此花区に、伝法というエリアがある。大阪でも知る人は多くないかもしれないが、1684年（貞享元）に河村瑞賢が安治川の開削を行うまで、この界隈は海運の拠点として栄え、その後も廻船問屋の多くが集まる場所だった。その伝法に、大阪に本社を構える建設会社、鴻池組の旧本店がある。幕末の大阪に生まれた鴻池忠治郎は、1871年（明治4）に20歳で伝法の地に鴻池組を創業、先代から引き継いだ廻船業に加え、土木や建築の現場へ人員を派遣する仕事を手がけ、徐々に本格的な建設業へと事業を広げていった。

1910年（明治43）、忠治郎は居宅となる町家の和館と、事務所の洋館を併設した、和洋折衷の建築を新築した。両方とも木造の2階建で、和館は伝統的な大阪の町家であるのに対して、洋館の外観はヨーロッパの影響を受けて日本でも流行しつつあった、セセッションと呼ばれるスタイルでまとめられている。日本語では「分離派」といい、これまでの古い様式から脱却を目指した新しい流れで、クラシックな装飾的要素が幾何学的に簡略化され、外壁にタイルで赤い帯を回すなど、グラフィカルなデザインが特徴的だ。

建物裏側の南面は庭に面し、和館・洋館共に開放的な造り。和館はガラスの建具で全面的に開放された、縁側が雁行する数寄屋風で、洋館も2階に張りだしたバルコニーが設えられている。現在の風景からは想像できないが、かつてこの地には伝法川が流れ、船着場から敷地に直接出入りができた。人々は縁側で夕涼みをし、直接釣り糸を垂らしたそうだが、伝法川は1954年（昭和29）に埋め立てられた。

洋館の間取りは中央に設けられた玄関の先に階段室があり、左右に部屋が配されている。入って左手は事務室で、受付の

右：事務所として使われた洋館部分の正面。セセッション調のデザインは、1914年（大正3）時の改修によるものと思われる。
左：和館・洋館ともに裏側は開放的なつくりで、かつてここに川が流れていたことを偲ばせる。

窓はバラと孔雀をモチーフとしたステンドグラスになっている。これはドイツに留学して日本に初めてステンドグラスの技術を持ち込んだ、宇野沢辰雄が原画を描き、弟子の木内真太郎が制作したもので、2階応接室の欄間にも設けられている。その応接室のインテリアが圧巻で、アール・ヌーヴォー独特の有機的な曲線で彫られた、木製の調度や家具がこれでもかという密度で迫ってくる。現存するアール・ヌーヴォーの建築の実例に乏しい日本では、大変に貴重な空間だ。

この濃密な細工を手がけたのが、彫刻家の相原雲楽（あいはらうんらく）。雲楽はその他にも玄関の天井を飾るキューピットの彫刻や、和館の欄間も手がけている。そして建築を設計したのは、当時住友本店臨時建築部に所属していた、久保田小三郎とされている。久保田はアール・ヌーヴォーの館として知られる北九州市の

右：玄関横の受付に設けられた、木内真太郎作のステンドグラス。
上：洋館に加え、和館でも細部に相原雲楽の技が光る。上は2階縁側の手摺りに彫られた鴻池組の社章。下は階段の親柱に彫られた精緻な唐獅子。
左：国内でも珍しい、アール・ヌーヴォーでまとめられた2階の応接。暖炉の横の棚に見える造作には、なんと手前に倒れるベッドが内蔵されている。

重要文化財、旧松本家住宅で工事監督をしていた人物であり、実は木内真太郎と相原雲楽も、旧松本家住宅に携わったチームであった。

旧鴻池本店は1968年(昭和43)まで鴻池組の本店として使用されたが、現在は同社の技術研修所の一角にあって大切に保管されている。なお、洋館は内外装共に1914年(大正3)に改修されている。髙

金融街にいち早く広まった
赤煉瓦の洋館。
今は人気のブライダル建築。

高麗橋ビル

Koraibashi Building

（オペラ・ドメーヌ高麗橋）

［旧称］大阪教育生命保険
［所在地］大阪市中央区高麗橋2-6-4
［建設年］1912年
［構造・規模］煉瓦造2階
［設計］辰野片岡建築事務所

予約すれば可（ウェディングのみ）

MAP p191 B-2

御堂筋と堺筋のちょうど真ん中を南北に通る三休橋筋は、沿道に歴史的建築物が多く残る街路で、高麗橋の交差点に建つ高麗橋ビル（オペラ・ドメーヌ高麗橋）は、浪花教会（P64）と並んで建っている。

1912年（大正元）に完成した赤煉瓦の外観は、ちょうど三休橋筋の北詰にアイストップのように建つ、中之島の中央公会堂と印象が似ている。白い御影石で帯を幾重にも回す意匠も同じだ。

それもそのはずで、この建物を設計したのは建築家・辰野金吾が片岡安と共同で設立した辰野片岡事務所。辰野は中央公会堂の監修者であり、片岡は岡田信一郎という若手建築家のコンペ案をもとに、実施設計を担当した。一街区北に建つグランサンクタス淀屋橋も、最初の建物は彼らの設計によるものだし、中之島には辰野金吾の代表作の一つである日本銀行大阪支店もある。辰野は首都東京を拠点に活躍した建築史上の偉人だが、彼の影響は大阪においても大きかったことがよくわかる。

この建物は、最初は大阪教育生命保険の社屋として建てられた。戦後は長らく証券会社が入っていたが、2002年に高級フレンチレストランが本店を構えた際に内部を大きく改修し、現在はオペラ・ドメーヌ高麗橋というブライダル会場として活用されている。

2013年度には地域の協議会のサポートを得て外観の改修を実施。レストランへと改修した際に開かずの窓となってしまった三休橋筋に面する窓枠に照明を仕込み、沿道の夜のにぎわいづくりに一役買っている。そして屋根裏にずっと眠っていた色鮮やかなステンドグラスが、改めて正面玄関に据えられた。

以前から古い教会での結婚式は人気があったが、近年は中央公会堂や綿業会館など、レトロな近代建築で式を挙げるカップルが増えていて、週末になるとオペラ・ドメーヌ高麗橋には、新郎新婦を中心に祝福の輪が広がり、北船場の街並みに彩りを添えている。

三休橋筋と直交する高麗橋通は、その名が示す通り東横堀川に高麗橋が架かり、江戸時代から東の大阪城へと至る目抜き通りであった。越後屋が大阪に両替商を構えたのも高麗橋通で、堺筋との交差点には三越大阪店と三井銀行が建つなど、北船場のなかでも格式の高い通りと言われている。しかし近年はかつての活気が失われ、長らく停滞期が続いていた。それが2000年代の後半くらいから、地域と大学や行政が協働して、近代建築などの文化遺産を活かした地域活性化に取り組み始めた。老舗が集積するこの一角は、歴史・文化を活かした街づくりによる北船場の復権を担う、中核的なエリアと言えるだろう。㊍高

右：外観正面。竣工時は中央がもっと筒状に張り出し、頂部にとんがり帽子の屋根が載っていた。軒切りによって狭められ、現在の姿に改修された。
左：内部はフレンチレストラン時のインテリアを活かしつつ、ブライダル会場として大幅に改修されている。

戦災を免れた船場の大商家。
タワーマンション隣の現役オフィス。

旧小西家住宅

Former Konishi House

［旧称］小西儀助商店
［所在地］大阪市中央区道修町1-6-9
［建設年］1903年　［構造・規模］木造2階他
［設計］不詳
国指定重要文化財

MAP p190 B-3

大阪の中心市街地は、第二次世界大戦の大阪大空襲でそのほとんどが焦土と化したが、戦災地図などを詳細に見てみると、北浜界隈には焼けなかったエリアのあることがわかる。その証拠に、現在も適塾（旧緒方洪庵住宅）や愛珠幼稚園といった重要文化財に指定されている木造建築や、数は多くないが町家や長屋が街角に建っていて、飲食店などにうまく活用されている。北浜界隈というと近代建築がイメージされるが、実は近世・近代の木造和風建築を巡るのにも格好のエリアなのだ。

そして北浜にはもう一つ、忘れてはいけない木造建築がある。堺筋に面して建つ重要文化財の旧小西家住宅だ。船場の町割は街区のちょうど真ん中を東西に太閤下水が通るため、通常、一つの敷地の奥行きは街区の半分となる。しかし旧小西家住宅は1街区まるごとの敷地を持つ大商家だ。敷地の南側に

右：旧小西家住宅の全景を南西から見る。近世大坂の都市構造から、建物正面は幹線道路の堺筋ではなく、東西の道修町通に面している。

左：12畳半の座敷。床の間など、簡素ながらも厳選された良材がふんだんに用いられた。

当たる東西の道修町は、「くすりの町」として知られた通りで、江戸時代から薬種商が集まり、国内で扱われる薬を一手に引き受けていた。現在も道修町には大手製薬会社のビルが並び、薬の神様である少彦名神社では、毎年11月に神農祭というお祭りが執り行われ、道修町通には屋台が並ぶ。

小西家も、初代の小西儀助が1870年（明治3）に薬種商を創業。その後、関西で最初に洋酒の製造を始めるなど新規事業を興し、2代目儀助の時に現在の地に300坪を超える土地を購入。3年の歳月をかけて1903年（明治36）に現在の町家を完成させた。

その頃まだ堺筋は細い道で、1912年（明治45）に市電が開通する前年に、いわゆる「軒切り」によって敷地西側の幅4間分を道路用地に収用された。印象的な黒漆喰の壁は、その際の改修によって復旧されたものだ。また竣工当初の母屋は3階に望楼が設けられていたが、関東大震災の後に地震が心配ということで撤去された。現在も、内部には3階に上る行き止まりの階段だけが残されている。

節目の大改修によって姿は変わったものの、旧小西家住宅は現在も大阪の町家を代表する存在であることに変わりはない。店はその後、コニシ株式会社と社名を変え、現在は接着剤のトップメーカーとして知られるが、今も町家はグループ会社のオフィスとして現役で使われている。まさに生きた建築だ。

小西家が暮らした奥の住居部分は当初の意匠が今も残り、厳選された素材がふんだんに用いられ、随所に見事な細工が施されている。基本的には非公開だが、地元の地域活性化イベントの時には会場に利用されることもあり、船場の人々にとっての晴れの場となっている。㊫

座敷の先に縁側を介して庭が設けられ、向かいには3棟もの蔵が並ぶ。都会の真ん中にいることを忘れさせるような静寂。

土間の炊事場には煙が溜まらないよう天井がなく、巨大な梁の存在感に圧倒される。
使用人を含めて50名以上の食事を賄った、「へっつい」と呼ばれる大きなかまどが今も残る。

市民の晴れの場となった
贅を尽くした和風建築。

太閤園淀川邸

TAIKO-EN yodogawa-tei

［旧称］藤田男爵淀川邸
［所在地］大阪市都島区網島町9-10
［建設年］1910～1914年
［構造・規模］木造1～2階
［設計］不詳

MAP p190 B-4

実業家たちが駆け抜けていった大阪。その代表格と言える藤田財閥の創始者・藤田伝三郎は、広大な本邸を大川沿いに構えていた。人呼んで「網島御殿」。1910年(明治43)から14年にかけて建設された。1945年(昭和20)の大空襲で大半を焼失したが、残った東邸は「淀川邸」と名を改め、新たな施設も加えて「太閤園」として1959年(昭和34)に開業。ここで結婚式などを行った方も多いだろう。

大きな唐破風に迎えられる。江戸時代の御殿の玄関を受け継ぎながら、車寄せにもなるよう奥行きが長いのが、明治以降の和風建築らしい。

これほどの空間があったのかと、歩みを進めて驚かされる。異なる趣の大小の部屋が、中庭を囲む廊下に接続している。「羽衣の間」は欄間の彫刻も豪勢な書院造の大広間。客間としてつくられた。最高の格式の折上格天井が、床の間にも

右：淀川邸の外観。玄関からはうかがい知れない贅を尽くした部屋が多く続く。
左：羽衣の間。欄間の彫刻がやはり一際目を惹く。

応用されている。こんなアレンジも近代の和風建築の特徴だ。

隣に位置する「紹鴎（じょうおう）の間」は、庭園との間がガラス戸となった開放的な広間。往時は食堂として使われた。外部に格天井のテラスが張り出しているのが珍しい。西洋建築の長所も取り入れた造りが、今も内外を同時に使ったパーティーといった使い方の楽しみを生み出している。

玄関から入ってすぐの場所にある「藤の間」が唯一の洋室で、かつてはビリヤード室だった。窓は縦長の上げ下げ窓で、天井にはレリーフが施されている。廊下から外側も眺めて、軒下も繊細に彫刻されていることを確かめたい。都市の中に残された、貴重な明治の木造洋館の好例でもあるから。

緑豊かな築山（つきやま）式回遊庭園には、大川からの水が引き込まれている。そのコレクションが藤田美術館に受け継がれた藤田男爵の邸宅らしく、自然の奇石や由緒ある石塔や燈籠などが配されて趣味深い。都会の中での自然を味わう贅沢は今や、訪れる人みなのもの。茶室の窓を開け放てば、池の上に遊んでいる気分だ。

近代に入ると江戸時代のように、身分によって建ててよい建物が制限されるといったことがなくなる。材木も大工道具も自由に流通するようになる。競争の中で職人の技もいっそう磨かれる。実は明治から戦前にかけての時代は、和風建築の黄金期でもあるのだ。

近代の大阪の粋を体験できる淀川邸の生みの親は藤田男爵。育ての親は、晴れの場として建築に思い出を刻み、維持していった市民たちだ。倉

もとビリヤード室だった「藤の間」。中庭に張り出した独立した洋館のようなつくりだ。

右：池に張り出すかたちでつくられた六畳敷の茶室「大炉」。築山式回遊庭園が眺められる。
中：離れの八畳敷の茶室「残月の間」。　左：「紹鴎の間」のテラス。

表と裏で和洋の顔を持つ二軒長屋。
耐震補強工事で川辺の人気店に。

北浜長屋

Kitahama Row House

(COME to THE RIVER)

［所在地］大阪市中央区北浜1-1-22・23
［建設年］1912年
［構造・規模］木造・煉瓦造2階、地下1階
［設計］不詳
国登録有形文化財

MAP p190 B-3

北浜というと、大阪証券取引所ビルなど近代建築の集まるエリアという印象が強いが、適塾や愛珠幼稚園、旧小西家住宅(P34)といった重要文化財の集積する、大阪の隠れた木造建築スポットでもある。2017年(平成29)、そのエリアに建つ小さな木造建築が再生された。

北浜の交差点から土佐堀通を少し東に行ったところに位置する北浜長屋は、1912年(大正元)に建てられた古い木造の2軒長屋。昔の絵葉書では土佐堀川に面して瓦屋根の木造建築が軒を連ね、船が行き交い川から人が出入りする写真をよく見るが、北浜長屋は当時の「水都大阪」を今に伝える貴重な存在。大阪の歴史的都心である船場において、土佐堀川に面する唯一最後の木造建築である。

北浜長屋の2件西には、同じ1912年(明治45)に建てられた洋館の北浜レトロビルヂングがある。建設年が同じなのには理由があって、近世から続く船場は道が非常に狭く、都市の近代化に伴って拡幅が積極的に進められていくが、その多くは路面電車の敷設によってなされていった。土佐堀通も1911年(明治44)、市電北浜線の敷設に伴い道路が拡幅され、土佐堀川に面した土地はいわゆる「軒切り」によって土地の多くを失い、北浜長屋も北浜レトロビルヂングも、その機会に建て替えられたものと考えられる。同い年で規模も用途もよく似ているのに、和風と洋風と様式が全く異なり、当時の建築の多様性が窺われて面白い。

当時からこの界隈は株の仲買業で栄えたエリアで、北浜長屋もそうした社屋として建てられたと思われるが、その後は法律事務所などが事務所として使って以降、長らく空き家として放置されていた。そこに2016年(平成28)、大阪市HOPEゾーン事業の補助制度を活用して、耐震補強も含めた再生プロジェクトがスタートし、私が設計・監理を担当することになった。

北浜長屋は正面の2階は江戸風の土蔵造になっているが、よく見ると玄関上部には西洋の古典主義建築に見られる三角屋根のペディメントが付くなど、和洋折衷のデザインが面白い。内部の意匠も道路側は洋風、川側は和風と分かれていて、特に2階道路側に設けられた応接間の天井には、当時外国から輸入されたであろう、型押しによって装飾が施された、金属天井が張られている。元々は漆喰装飾の代わりとして用いられた建材で、当初は白く塗装されていたはずだ。しかし今回の改修では、塗膜のはがれた鉄板の生地の表情が面白いので、そのまま残すことにした。

再生によって人気のカレー店やカフェなどが入居する[COME to THE RIVER]と名付けられた複合施設となり、大きなガラス開口から土佐堀川と中之島公園を眺めることのできる、土佐堀通の新たな人気スポットして注目を集めている。髙

右:高層ビルに挟まれた、間口2間半ずつ合計5間の2軒長屋。2階の土蔵造の壁は長らく白漆喰だったが、今回の改修工事で竣工時の黒漆喰に復原した。
左:2階道路側に設けられた洋風の応接室。天井には鉄板を型押ししてつくる金属天井が全面に張られている。

I 明治時代

洋風建築の登場と変わり始める都市。

一つひとつの建築物について知るだけでなく、日本や大阪における建築史の流れを知ることで、建築の理解にぐっと奥ゆきが生まれます。まずは明治時代の大阪。西洋からもたらされた建築はどのようにして建てられていったのでしょうか。

髙岡　明治時代に入り、近代化を進める中で、日本にも石や煉瓦を使った洋風建築が建てられていきます。しかし、それらがすぐに街を埋め尽くしたわけではなく、まずは国家の中枢を担う公共施設から、新しい形や技術が使われ始めます。

倉方　大阪にある最も古い洋風建築は、1871年（明治4）までに完成した泉布観（P10）ですが、設計したウォートルスは建築家ではなく、土木技師。建築家より先に、まず来日したのは、とにかく建設を指揮できる西洋の技術者でした。彼はその代表で、幕末に薩摩藩で働いてから、ここ大阪で造幣局を建設し、その後は東京に移り、銀座の発展のもととなった煉瓦街をつくります。

　でも、技術だけではダメだ。西洋人が見ても恥ずかしくない見た目の建築をつくろうということで、明治政府は1877年（明治10）年に建築家として認められた人物を雇い入れます。それがロンドン生まれのジョサイア・コンドルで、鹿鳴館などの建築を設計すると共に、本格的な建築教育を始めます。教えを受けて最初に卒業した一人が辰野金吾。日本銀行大阪支店（1903年・P14）はちょうど、コンドルに代わって次世代の建築家を育てていた辰野が、教授を辞めて民間の建築設計事務所を開く直前の作品です。

髙岡　辰野は先に東京の本店を設計していたことから（1896年）、大阪支店では東京での失敗が改善されています。建築史家の藤森照信さんは「大阪の方がこなれている」という表現をされていますね。

倉方　そうそう、首都から始まった本格的な洋風建築が、こなれて定着した場所が大阪なんですよね。大阪府立中之島図書館（1904年・P18）などは象徴的です。設計した野口孫市は辰野の教え子で、師匠以上に西洋の建築の真髄を理解していたことが、その堂々とした姿からわかります。そして、これほど立派なのは、住友家の第15代当主・住友吉左右衛門友純が建設と図書購入の資金を提供したから。体面のために国が一方的に建設していた明治の初めよりも一歩、洋風建築が社会に定着したことの証です。

髙岡　中之島図書館は民間の寄付によって建てられましたが、あくまで「公」のために建てられたという意味では泉布観や日銀と同じです。大阪市中央公会堂（1918年・P22）もまた、**岩本栄之助**が近代的な市民意識の醸成のためには大きな集会所が必要であると、大阪市に100万円を寄付して建てられたものです。やはりこの時代の洋風建築には、都市の基盤施設という側面が強いですね。

倉方　明治時代には、西洋にあるような建築を建てさせる人も、それを実際、設計できる建築家もほんの一握りでしたから。

髙岡　まだまだ木造の町屋が多く建ち並んでいた時代に、洋風建築がドーンと建てられたのですから、当時の大阪の人たちは「なんじゃこりゃ！」とびっくりしたでしょうね。その一方で、江戸時代と明治時代が完全に切り離されているのかというとそんなことはなくて、だからこそ旧小西家住宅（P34）や旧鴻池本店（P28）の存在が貴重になってくる。

倉方　仮に全国／地元、建築家／非建築家という2軸を交差させるとすると、全国的な建築家（日本銀行大阪支店）、地元に根を下ろした建築家（中之島図書館図書館）、全国的に活躍した土木技術者（泉布観）、地元の大工（旧小西家住宅）といったマトリックスに乗る作品が残っている。まさに「明治を知るなら大阪へ」と言いたいのは、近代化をめぐる明治の諸相が網羅的に体験できるからです。

髙岡　本当は江之子島にあった**大阪府庁舎**が残っていれば、すべてきれいに揃っていたんですよ。江之子島は明治の大阪においては、海に面した「フロンティア」でした。当時の府知事がここに府庁を置いたのは、大阪は西へ向かって発展すると考えたからです。そこから中之島の日銀、大川沿いの造幣局と、枢要な公共建築を川が結ぶ風景があれば、大阪という都市のなりたちを理解しやすかったのですが。

倉方　大阪港や江之子島との関係で、なぜ川口に**居留地**ができたのかもわかりますしね。

髙岡　当時、大阪府庁舎は「江之子島政府」と呼ばれ、観光地化していたようです。こうした洋風建築の姿を目の当たりにして、大阪の商人たちは「うちもいつかこんな建物を建てたい！」と思ったはず。その思いが次の時代へとつながっていきました。

「江之子島政府」と呼ばれた旧大阪府庁舎。現在の大阪府立江之子島文化芸術創造センター北側にあった。
写真／大阪市立中央図書館蔵

トーマス・ジェームズ・ウォートルス

1842〜1898　アイルランド生まれの土木技師。泉布観や銀座煉瓦街の建設で知られる(P13)。

ジョサイア・コンドル

1852〜1920　イギリス生まれの建築家。工部大学校に招かれ、辰野金吾ら日本人建築家の第1世代を育成した。

辰野金吾

1854〜1919　日銀本店や東京駅で知られる建築家。赤煉瓦に白い帯の華やかなスタイルは「辰野式」と称される。

野口孫市

1869〜1915　東京帝大では辰野の下で学ぶ。住友本店臨時建築部初代部長として大阪府立図書館などを手がけた。

岩本栄之助

1877〜1916　株の仲介人。株で得た利益を公共のために使いたい思いから中央公会堂の建設費を大阪市に寄付。

川口居留地

開国後、外国人の滞在のために明治政府が建設。舗装道路に洋館が並び、街路樹が植えられ、洋食屋やカフェもあった。

第Ⅱ章 花開く大大阪

1921年　大江ビルヂング
1922年　井池繊維会館
1923年　ジーライオン・ミュージアム
1924年　三木楽器開成館
1926年　大阪府庁本館
1927年　立売堀ビルディング
1930年　日本基督教団浪花教会
　　　　大阪農林会館
1931年　綿業会館
　　　　大阪城天守閣
　　　　ミライザ大阪城
1933年　Osaka Metro御堂筋線
　　　　旧商船三井築港ビル
1934年　大阪市立大学（一号館）
1935年　天満屋ビル
1936年　三井住友銀行大阪中央支店
　　　　大阪市立美術館

モダンな個性を主張する、
街角の100年ビル。

大江ビルヂング

Ooe Building

［所在地］大阪市北区西天満2-8-1
［建設年］1921年
［構造・規模］RC造5階、地下1階
［設計］葛野壮一郎

MAP p191 B-2

西天満と法曹界の関わりは、1890年(明治23)、堂島川沿いに建設された赤煉瓦3階建の大阪控訴院にさかのぼる。同じ場所に今は大阪高等・地方・簡易裁判所合同庁舎が建っている。周辺には法律事務所が多い。

大江ビルヂングも、そんな西天満らしい建物。弁護士の需要を見込んで1921年(大正10)に完成した、鉄筋コンクリート造5階建・地下1階のビルだ。

四つ角に面した正面部分に、まずインパクトがある。入口を強調するかのように、周囲は異なる石材で四角く縁取られている。定規で引いたような直線が目立つが、ここぞという所に加えた曲線も印象的だ。一つは正面の入口庇。カーブを描いた形も素材も、石張りの壁とは異なっていて後付けにも思えるが、これも完成当時からのもの。壁とつながる部材には、優美な曲線が見て取れる。

もう一つ、この時代の建築でもあまり目にしないのが、卵のように角を丸めた入口両脇の装飾。上からの重みを支持する気負いはなく、コロンとしてかわいらしい。

外観デザインから感じられるのは、各部がしっかりと組み合わさった厳格さではなく、シンプルで個性的な形それぞれが浮遊したような軽快さ。正面の上部も同じで、通常なら三角形であるペディメントの上辺を少し持ち上げて、浮いた屋根のように見せている。その下のタイルで張り分けた外壁の模様にも、大正時代らしい自由な雰囲気が漂う。

このモダンビルの設計者は、大阪府池田市生まれの葛野(かどの)壮一郎。大江ビルは横河工務所、神奈川県技師、大阪府技師を経て、1919年(大正8)に葛野建築事務所を開設してすぐの作品だ。頑丈な鉄筋コンクリートの構造や、1階に集会室、地下に理髪店などを設けるといった計画上の配慮によって今も現役。かつては吹き抜けのホールやビリヤード室もあった。大学時代からヨーロッパの新様式に関心を抱いていたモダンさと、大建築の豊富な経験が融合した葛野の個性を物語っている。大阪市内に残る他の作品に中央電気倶楽部(1930年)がある。

オフィスビルとして見た時にも、大阪ビルヂング(ダイビル本館・1925年)よりも完成は早く、関西における本格的な貸しビルの最初とされる。当初からの姿を維持し、「ビルヂング」の名称も、事務所使用を主とした用途も変わっていない。こうした例は全国でも珍しい。

西天満には現在も、近くの中之島や北新地とは違った空気が流れている。静かな事務所エリアで趣のある画廊を見つけ、個性的な店舗を訪れるのも楽しい。100年を迎えようという大江ビルヂングの外観から放たれる個性こそが、今や継承性と新規性を併せ持つ界隈の独特な雰囲気を守っているかのようだ。㊟倉

ビル内部は関係者以外の立ち入りができない。三方が道路に面しているので、変化に富んだ外観を鑑賞しよう。

商店街に残った元銀行建築。
長い眠りから覚め、発信拠点に。

丼池繊維会館

Dobuike Textile House

［旧称］愛国貯蓄銀行本店
［所在地］大阪市中央区久太郎町3-1-16
［建設年］1922年
［構造・規模］RC造3階、地下1階
［設計］不詳

MAP p191 C-2

2階の共用廊下。窓下に設けられた長い木製キャビネットは、大阪市福島区にあって解体された、塩野義製薬中央研究所（設計：坂倉準三建築研究所）の吊戸棚を移設・加工したもの。

「新しい近代建築」という言い回しは、矛盾して聞こえるかもしれない。近代建築というのは、主に戦前までに建てられた古い建物のこと。解体されて数が減ることはあっても、新しく増えることはありえない。しかし2016年（平成28）、大阪市中央区の本町に、新たな近代建築として丼池（どぶいけ）繊維会館がお目見えした。テーマパークや結婚式場のようなレプリカではない。大正時代に建てられた、正真正銘の近代建築だ。

丼池繊維会館は、もともと1922年（大正11）に愛国貯蓄銀行の本店として建てられた。貯蓄銀行というのは主に個人の小口預金を扱う銀行のことで、1888年（明治21）に設立された愛国貯蓄銀行は、大阪で2番目の規模を誇り、京阪神に支店も構えていた。銀行の統合が進んだ現代とは異なり、戦前までの日本は大小様々な銀行が乱立し、栄枯盛衰を繰り返していた。愛国貯蓄銀行も途中で経営者が変わり、1934年（昭和9）には破綻したようである。

心斎橋筋の一本東に位置する丼池筋は、繊維の卸業でにぎわった商店街だが、戦後間もなく丼池筋界隈で繊維卸業を営む人たちが共同でこの建物を購入し、福利厚生施設として活用するようになった。その後、テナントビル化したが、2階以上は近年は空室が目立つようになり、思い切ったリノベーションによる再生プロジェクトがスタート。私がその設計・監理を担当することになった。

ここに近代建築があることは、ほとんど知られていなかった。なぜなら外観が金属のスパンドレルという建材ですっぽりと覆われ、どこにでもある平凡なビルにしか見えなかったからだ。今回のリノベーションで外装の金属材を取り外し、白いタイルと簡略化された装飾がモダンな元の外観を甦らせた。外装を固定していた下地の跡がそこここに残り、邪魔になった装飾が削り取られたりしているが、あえて復原するようなことはせず、このビルの歴史として残すようにした。内部も付け加えられた間仕切壁や天井は撤去し、この建築の素の状態が引き立つような改修を行っている。

このプロジェクトは、単なる近代建築の再生にとどまらず、丼池筋のエリア一帯を活性化することを目指している。ビルの3階には世界で活躍するデザイナーがオフィスとショールームを構え、2階はショップやギャラリーとして活用。屋上のペントハウスにはキッチンを設け、屋上でイベントやパーティーができるようにした。

今後、丼池繊維会館が新しい文化の発信拠点となり、丼池筋にクリエイティブな動きが生まれていくことだろう。そしてこのような「眠れる近代建築」は、実は周辺にまだいくつか残っている。今回のリノベーションをきっかけに、まだまだ大阪に新しい近代建築が誕生するかもしれない。㊢

右：タイルの外壁を長らく覆っていた金属板を撤去し、再び日の目を見た元銀行建築の外観。現在は右端に小さな玄関があるが、かつては左の奥にメインエントランスがあった。

ジーライオン・ミュージアム

GLION MUSEUM

（築港赤レンガ倉庫）

港の活気を支えた赤煉瓦倉庫が、
クラシックカー・ミュージアムへ再生。

［旧称］住友倉庫
［所在地］大阪市港区海岸通2-6-39
［建設年］1923年
［構造・規模］煉瓦造1階
［設計］住友合資会社工作部（日高胖）

MAP p192 I

横浜や函館など、全国各地に残る赤レンガ倉庫は再生活用が進み、どこも観光やデートスポットとして人気を集めている。大阪でも築港の南側にあって長らく閉鎖されていた築港赤レンガ倉庫が、全国的にも珍しい本格的なクラシックカーを展示する「ジーライオン・ミュージアム」として、2015年に再生された。

築港赤レンガ倉庫は、住友倉庫として1923年(大正12)に建設された。大阪では築港を近代的な国際貿易港とすべく、1897年(明治30)から整備事業に取り組み、大桟橋(現在の中央突堤)や大阪初の市電路線などを整備していった。しかし、経済的な問題や社会情勢などで思うように進まなかったところ、住友が行政の代わりに護岸の整備を申し出た。その桟橋を優先的に使用するために建てたのが、海岸沿いの住友倉庫群というわけだ。今でいうところの、民

右：三角屋根が湾曲しながら並ぶユニークな北側正面の外観。添え木のような細い鉄骨材は、補強の際に取り付けられたもの。
左：倉庫の大空間に国内外の珍しいクラシックカーが並ぶ。外壁は保存され、内装も煉瓦壁が見えるかたちで再生された。損傷の激しかった屋根とそれを支える鉄骨の構造は、新たに建設された。

活のはしりと言える。

赤レンガ倉庫を設計したのは、住友に所属し、野口孫市とともに中之島図書館の設計に携わった日高胖（ゆたか）。古典様式の壮麗な図書館を手がけた建築家が、倉庫を手がけていることに違和感を覚えるかもしれないが、どちらも近代都市を実現するための重要施設だ。2棟ある倉庫のうち、道路に面した北側がナイフの刃のようにカーブしているのは、当時の貨物用の線路の線形に合わせたもの。三角屋根の妻面が湾曲しながら連続するという、他のレンガ倉庫にはない独特の外観を生みだしている。

1970年（昭和45）あたりから貿易の拠点が南港へと移り、物流倉庫としての役目を終えて1999年（平成11）に大阪市に移管された。一時期は実験的な現代アートの拠点として使われていたが、耐震上の問題から、2006年以降は構内への立ち入りが禁止となった。財政的に厳しい大阪市では、解体して敷地を売却する話も出たが、最終的には赤レンガ倉庫の歴史的価値を活かそうと、耐震補強して活用してくれる民間企業を募ることになった。

正直なところ、この立地でこれだけの大空間を使いこなす企業があるのかと心配したが、クラシックカーを展示すると聞いて、そんな手があったかと膝を打った。目的性が高く、広い空間を必要とする博物館としての活用、ミュージアムを運営するジーライオングループの田畑代表も、クラシックカーが現役で走っていた同時代の建築空間に魅力を感じたと語っており、これ以上はないマッチングと言えるだろう。

常時約200台の珍しい車が展示されていて、本格的なステーキハウスやカフェも併設されている。最近は外国人観光客の来館も多く、今後ますます注目のスポットとなっていくに違いない。（高）

ところどころに残る倉庫時代の重機の存在が、リアルにつくり込まれた映画のセットのようだ。

「大大阪時代」とは何だったのか?

文/大迫 力(140B・編集者)

本書の中でも何度も登場する「大大阪時代」という言葉。知っているという人も多いはずです。では、具体的にはいつ頃を指すのでしょうか?

「時代」とは呼ばれていても、いつからいつまでと正式に決まっているわけではありません。ただし、その指標となる年ははっきりしています。それは1925年(大正14)。この年の4月、大阪市は第二次市域拡張を行い、西成郡・東成郡の44町村を編入した結果、面積はそれまでの55.57平方キロから181.68平方キロに、人口は133万人から211万4804人となり、共に東京を抜いてまさしく国内最大の都市となりました。大大阪時代と言えば、この1925年を挟んだ前後合わせて20〜30年ほどを指すのが一般的です。

このように、大大阪に「なった」時期を明確に示すことができるのは、それが意図されたものだったからです。明治末期から大阪市の近郊では市街地化が急速に進みました。しかし、それはあまり計画的なものではありませんでした。そのため人口流入によって住宅不足が発生し、また工場の吐き出す煙による公害問題も深刻化します。一方で、第一次世界大戦による好景気が後押しして中心部にはどんどん「ビルヂング」が建ち、そうなると当然地価は暴騰します。

乱開発による都市問題が頻発する中、1923年(大正12)、やはりこの本の中で何度も登場する関一が大阪市長に就任します。関は建築家で都市計画にも通じていた片岡安と共に、真っ先にこの都市問題の解決に着手しました。道路や地下鉄の交通網を確立し、上下水道の整備や住宅問題を改善して、大阪市を便利で衛生的な住みよい街にする。2人の考えは、秩序ある発展のために自治体が積極的に関与すべきというものでしたから、都市計画を広範囲に行き渡らせるためには、市域の拡張は絶対に必要だったのです。

建築史家の石田潤一郎氏は、「都市インフラの近代化と、良好な生活環境の獲得という両様の目的を果たすための枠組みとして『大大阪』が立ちあらわれた」と述べています。つまり、大大阪とは意図して「建設された」ものであると言えるわけです。

しかし、だからと言ってそれが上から押し付けられただけのものであったと考えては、この時代の空気を読み誤ってしまいます。なぜなら、きっと当時の大阪の人たちは、自分たちの街を誇りを持って大大阪と自称していたはずだからです。

大大阪誕生を祝して行われた「大大阪記念博覧会」(1925年)には、2会場で187万人を超える人々が訪れ、27部門に分かれた展示によって「伸びゆく大阪」の姿を目の当たりにしました。この時代の地図や絵葉書には「大大阪」や「グレート大阪」と書かれたものが多く見られ、大大阪が単なる美称ではなく、市民の実感を伴ったものであったことが伝わってきます。大大阪時代の建築に接した時には、その活き活きとした個性の背景に、当時の人たちが抱いていた自信や活力があることに想いを馳せてみてください。

参考文献 図録『大大阪モダニズム 片岡安の仕事と都市の文化』(大阪市立住まいのミュージアム 大阪くらしの今昔館・2018年)

江戸から続く心斎橋筋商店街の近代化。
今も変わらぬ市民の音楽サロン。

三木楽器開成館

Miki Gakki Kaiseikan

［旧称］大阪開成館三木佐助商店
［所在地］大阪市中央区北久宝寺町3-3-4
［建設年］1924年　［構造・規模］RC造4階、地下1階
［設計］増田建築事務所（増田清）
国登録有形文化財

MAP p191 C-2

江戸時代から大阪随一の繁華街としてにぎわった心斎橋筋には、時代の先端をゆく建築が建てられてきた。しかし時流の波に乗り続けなければならない消費の街の宿命か、村野藤吾（とうご）のそごう大阪店や喫茶プランタンも、ヴォーリズの大丸心斎橋も、そして大阪のバブル期を象徴した高松伸設計のキリンプラザ大阪も、老朽化などを理由に姿を消した。心斎橋筋は単なる商店街ではなく、大阪の優れた都市文化の発信地でもあったのだが、今は外国人観光客から外貨を吸い取り続ける長大なチューブのようになってしまって、心斎橋のこれからを考えると、不安を感じるところではある。

そんな心斎橋筋にあって、今も歴史的建築を大事に使い、商売と文化の発信を両立し続ける店もある。長堀通から北に上がって北久宝寺町にある、三木楽器開成館だ。ちょうど御堂筋の難波別院（南御堂）のあたりに位置するが、かつて大阪商人にとっては、御堂さんを拝む場所に店を構えることが、最上のステータスだった。

今はもうその面影を見出すことは難しいが、心斎橋筋の長堀通の北側は、江戸時代から書物を扱う店の集まるエリアだった。現在は国内大手の楽器店として知られる三木楽器も、当初は貸本を扱う商家として、1825年（文政8）にその歴史をスタートしている。その後、新刊本の販売や出版事業へと領域を開拓し、唱歌集がベストセラーになるなど音楽に縁があったこともあって、1888年（明治21）から国産オルガンを、その翌年からは国産のバイオリンを扱うようになる。

店舗は和風の木造家屋であったが、事業の拡大とともに手狭になり、創業100周年を記念して、1924年（大正13）に鉄筋コンクリート4階建ての近代建築へと建て替えた。設計は難波の精華小学校（これも既にない）など学校建築を数多く設計した増田清で、3階に設けられた音楽ホールのみ、日本のモダニズムの先駆者として知られる建築家、本野精吾が担当した。本野は多趣味で自らバイオリンも演奏し、もともと三木楽器とも親交があったという。

改修によってホールは2階へと移り、1989年（平成元）には外壁タイルも貼り替えたが、1階の内装には当時の装飾がよく残り、柱の照明や大理石の階段、重厚な木製書棚など見どころは多い。玄関の欄間に据えられたステンドグラスは、中央公会堂にも作品を納めた木内真太郎の作といわれている。高

右：心斎橋筋商店街のアーケードに正面の2階以上が隠れてしまっているが、北面の外観はよく見える。タイルは1989年（平成元）に新しく貼り替えられた。

左：小さいながらも舞台セットのような豪華な階段の横に、楽譜などを並べるオリジナルの重厚な木製棚が置かれている。

大正時代の最新のデザインは、
現役最古の都道府県庁舎に。

大阪府庁本館

Osaka Prefectural Government Main Building

［所在地］大阪市中央区大手前2
［建設年］1926年
［構造・規模］RC造・SRC造6階、地下1階
［設計］平林金吾、岡本馨

MAP p190 B-4

大阪城公園の西に面して建つ大阪府庁本館は、2016年に竣工から90周年を迎えた、現役としては最古の都道府県の本庁舎だ。その記念すべき年に、地下に免震装置を設ける耐震工事を含めた、本館東部分の4年にわたる大規模な改修工事が完成した。

1926年(大正15)に建てられた大阪府庁舎は、平林金吾と岡本馨(かおる)という若手コンビの設計案がコンペによって選ばれた。戦前までの都道府県庁舎といえば、中央に塔やドームを戴き巨大な列柱を配した西洋の古典様式や、瓦の大屋根をかけた和洋折衷のいわゆる帝冠様式など、行政府としての権威性を強く象徴する様式性の強いデザインが用いられてきた。

だが、若い感性は20世紀初頭のヨーロッパで広まっていた、セセッションと呼ばれる新時代の潮流を取り入れ、正面玄関周り以外は一切の装飾

右：大阪城公園に正面を向けた外観。２階から上の外壁には、大形白色擬石タイルが全面的に貼られている。
左：壮麗な大階段を構えた玄関ホールは、照明が変わっているなど一部改修されているが、建設時の状態をよく残している。

を排し、直線による幾何学的なデザインで外観をまとめあげた。そのオフィスビル然としたたたずまいからだろう、これまで歴史的建築物としての一般の関心は今一つだったが、日本の都道府県庁舎に詳しい近代建築史家の石田潤一郎氏は「世界的に見ても早い時期に、(中略)モニュメンタルな公共建築で、ここまで前衛的なデザインがなされたことはたいへん珍しい」と、高い評価を与えている。

戦前期最大の規模と建設費用を誇る大阪府庁舎は、シンプルな外観とは対照的なインテリアも見どころだ。3層吹き抜けの玄関ホールと中央階段にはイタリア産の大理石がふんだんに用いられ、その荘厳な空間は映画やドラマのロケにたびたび使われてきた。また正面中央の5階に設けられた正庁(せいちょう)の間(ま)は、年末年始の行事や人事発令などを執り行う特別な部屋で、2011年の改修工事によって、壁面の華麗な装飾や天井のステンドグラスが見事に復原された。

大阪府庁舎の90年の歴史を振り返れば、1960年代には早くも狭隘(きょうあい)化や老朽化が問題となり、庁舎とその周辺の再整備が繰り返し議論されてきた。1988年(昭和63)には大規模な指名コンペが実施され、超高層の庁舎ビルを新築する建築家・黒川紀章(きしょう)の案が最優秀となった。

その後、府庁新別館や府警本部棟など構想の一部が実現するものの、経済状況の悪化によって残された計画は凍結された。今回の工事に際しても、耐震強度の問題などから、建て替えか改修かがずいぶんと議論された。そしてそのような紆余曲折の結果、竣工当時最先端の建築が、現役最古の庁舎として残ることになった。まさに「生き延びた」建築だ。高

正面中央部分には、高松産の紫雲石が用いられ、細かな装飾が施されている。

庁舎の狭隘化によって執務室として使われていた正庁の間が、色彩も鮮やかに復原された。祝日を除く水曜日と金曜日の10時～17時まで一般公開されている。共用部は開庁時はいつでも見学できる。

オフィス需要を見越したテナントビル。
使い勝手の良い小部屋が人気。

立売堀ビルディング

Itachibori Building

［所在地］大阪市西区立売堀1-5-2
［建設年］1927年／1961年
［構造・規模］RC造4階、地下1階
［設計］鴻池組／不動建設

MAP p191 C-2

四つ橋筋に面して建つ立売堀ビルディングは、阿波座で製粉業を営んでいた麻殖生徳次郎（まいおとくじろう）が、1927年（昭和2）に建てた4階建ての小さなビルである。

大正の末に拡幅された四つ橋筋沿道の事務所需要を見込んで、テナントオフィスビルとして建てたものだという。当初は敷地の南側にも木造3階建ての洋館があって、銀行が入居していた写真が残っているが、残念ながら大阪大空襲で焼失してしまった。麻殖生家は高度経済成長期になって新しく4階建てのビルを建て直し、北側の近代建築と一体化して、玄関と廊下を共有する形で現在もテナントビルとして活用している。

外観は近代建築を飾る華やかな装飾には乏しいシンプルなデザインだが、大阪における近代建築の活用形として、注目に値するビルといえる。小部屋ながら天井が高いテナントスペースは、家賃も手頃で若い世代に人気の物件で、1階の路面には服飾や家具など個性的な店舗が並んでいる。以前は各階のテナントが個別にエアコンを設置するため、室外機が外壁の窓際にごちゃごちゃと張り付いていたが、2012年に大阪市の補助制度を活用して室外機を屋上に移設し、配管が見えないようカバーしてすっきりとさせた。外観の垂直線を強調したデザインを生かして、配管カバーを馴染ませている。

加えて昔の写真に写っていた、1階のレトロな照明を新しくアレンジして復活させ、ライトアップも行い、正面玄関横にはビルの歴史を紹介するパネルを設けて情報の発信にも努めている。2015年にはイケフェス大阪での初公開に合わせて、エントランス周りの改修も行うなど、ビルの魅力向上に余念がない。

一連の改修設計は私がやらせていただいているのだが、ビルを管理する麻殖生光弘さんは、「生きた建築」による大阪の活性化を推進する心強い存在だ。2016年には自ら公益財団法人ルネッサ地域文化振興財団を設立し、建築活用や景観保全に対して助成支援を行うなど、自身のビルを超え、地域全体の文化力向上に取り組んでいる。高

右：ライトアップされた外観の全景。北東角に設けられた縦組みのサインが効いている。左奥は1961年（昭和36）に建てられた新館部分。
左：1階に並ぶ店舗のショーウィンドウ下には、高低差を活かして地下に光と風を送るためのガラス窓が設けられている。現在は塞がれているが、床にもプリズムガラスの跡が見える。

日本基督教団 浪花教会

Naniwa Church

旦那衆の信仰を集めた都心の教会。
ヴォーリズ監修のゴシックスタイル。

［所在地］大阪市中央区高麗橋2-6-2
［建設年］1930年
［構造・規模］RC造3階、地下1階
［設計］竹中工務店（石川純一郎）　設計指導：ヴォーリズ建築事務所

MAP p191 B-2

大阪市内で最も多くの近代建築が残る北船場エリアでも、さすがに歴史的な建築が隣り合って並んでいる場所は数えるほどしかない。その一つが三休橋筋で、赤煉瓦の洋館の高麗橋ビル（P32）と日本基督教団浪花教会が、並木道に歴史と彩りを添えている。

プロテスタント教会である浪花教会の歴史は大変古く、設立は1877年（明治10）にさかのぼる。1890年（明治23）に現在の地に木造の教会堂を建て、船場におけるキリスト教信仰に大きな役割を果たしてきた。教会創立50周年にあたる年、ちょうど三休橋筋の道路拡幅が都市計画で決まり、教会堂の建て替えを計画。ちなみに隣の赤煉瓦の洋館は、道路にかかる部分だけを除却して、下がった位置にもう一度外壁を復元した。歴史を紐解くと、都市計画と建築の間に密接な関係が見られて面白い。

新しい浪花教会は、鉄筋コンクリート造3階建てで1930年（昭和5）に完成した。浪花教会というと、設計指導の立場でアメリカ出身の建築家、ウィリアム・メレル・ヴォーリズが関わったことがよく知られる。自身もキリスト教信者であり、もともと伝道を目的に来日したヴォーリズは、教会やミッション系の学校建築などを多く手がけ、大阪市内にも大阪教会（1922年）が残る。浪花教会の設計と施工を請け負ったのは竹中工務店で、設計は石川純一郎が担当した。

竹中の石川と聞いてピンと来る方がいたら、その人はなかなかの建築ツウだ。石川純一郎は、2014年（平成26）に解体された中之島の朝日ビルを設計した建築家。朝日ビルはガラスと金属を多用した先進的なデザインで、当時の日本の建築界に衝撃を与えた、戦前期におけるモダニズム建築の傑作だ。その朝日ビルが完成する前年に、このようなゴシック教会を手がけているのだから、その守備範囲の広さに驚かされる。当時石川は、まだ30歳代前半という若さだった。

1階に集会室を置き、2階を礼拝堂としたコンパクトな構成の教会は、ゴシック教会の特徴である先のとがった尖塔アーチの連続するアーチ窓が印象的だ。窓にはめ込まれた色ガラスはそのほとんどが竣工当時のもので、白く塗られた礼拝堂のヴォールト天井を、柔らかな光の色彩で染める。

教会には建設工事を記録した当時の貴重な映像が残されていて、そこには拡幅されたばかりの真新しい三休橋筋の様子とともに、建設に携わった信者の誇らしげな顔が記録されている。浪花教会は敬虔な信仰の場として大切に使われ続け、当時の人たちの思いを現在まで引き継いできた。その歴史を刻んだ建築は信者のみならず、地域のランドマークと言ってよいだろう。教会では毎週日曜日と木曜日の礼拝に加え、オルガンコンサートも開催しているので、関心のある方はぜひ訪ねてみるといい。（高）

右：ガス燈が映える三休橋筋に面して高麗橋ビルと並ぶ、ゴシックスタイルの浪花教会。外壁は小叩きの擬石仕上げ。
左：2階に設けられたヴォールト天井の礼拝堂。背面の上階にパイプオルガンが置かれているが、竣工時からは改修されている。

旧財閥系商社の拠点は今や、
こだわりのショップが集まる街の顔。

大阪農林会館

Osaka Norin Kaikan

［旧称］三菱商事大阪支店
［所在地］大阪市中央区南船場3-2-6
［建設年］1930年
［構造・規模］RC造5階・一部6階、地下1階
［設計］三菱合資地所部営繕課

MAP p191 C-2

心斎橋のほど近く、商業エリアとしてにぎわう南船場の一角に建つ大阪農林会館は、1930年（昭和5）に旧三菱商事の大阪支店として建設された。1918年（大正7）に三菱合資会社から分離独立した三菱商事は、設立当初から大阪に支店を置き、1922年に現在の地へ移転。当初は建築家・片岡安（やすし）が設計した木造2階建ての洋館を使っていたという。

現在のビルは、日本を代表する設計事務所の一つ、三菱地所設計の源流である三菱合資地所部営繕課が設計した。内部に自前の設計部門を持っていた三菱財閥は、東京丸の内一帯のオフィス開発や、傘下のビルなどを数多く手がけてきた。特に1923年（大正12）に完成して東京駅前の名物となった丸の内ビル、通称「丸ビル」は、アメリカから導入した建設技術を使った当時最新の建築で、日本における近代的なオフィ

右：南東角から見た外観の全景。同時代の他の近代建築と比べて装飾が少なく、壁に対して窓の面積の割合が大きい。
左：2階へと階段が伸びるエントランスホールの見返り。シャンデリアは新しく設けられたもの。

スビルの嚆矢となった。装飾を控えた合理的な設計や、面積の大きなガラス窓などは、この大阪農林会館にも引き継がれているように思われる。

戦後、多くの近代建築はGHQによって接収され、三菱商事でも東京の本店ビルをはじめ横浜、名古屋、そして神戸の各支店ビルが接収されたが、幸い大阪支店は免れた。しかし財閥解体による三菱商事の解散に伴って売却されることが決まり、１９４９年(昭和24)に大阪農林会館が取得することとなる。当初は農林省資材調整事務所や食糧事務所といった、戦後の食糧統制などを担う事務所が入居していたが、その後は一般的なテナント事務所ビルへと変化していったようだ。

大阪農林会館がにわかに注目を集め始めたのは２０００年前後からで、空間の魅力に惹かれた海外ブランドが直営店を構えたり、ヘアサロンや情報

に敏感なショップが徐々に集まり、南船場全体が人気エリアになったことも手伝って、その存在が知られるようになっていった。

近代建築が数多く残る北船場と異なり、南船場から心斎橋にかけては、戦前の歴史的建築物は数えるほどしか確認されていない。その中核を担っていた心斎橋大丸も建て替えられ、大阪農林会館の存在感はこれまで以上に増すことになるだろう。高

右上：オリジナルの天井装飾が残る共用廊下。アーチ状の梁と斜めのハンチが交互に並ぶ。
右下：室内から見ると窓の大きさがよくわかる。
中上：廊下の奥に残る重厚な金庫の扉。ショップフロントとの対比が面白い。
中下：主階段の木製手摺り。長年に渡って使い込まれ、細かなキズと共に角が取れて丸みを帯びている。
左：階段室にも大きな開口　が設けられている。オリジナルのスチール製上げ下げ窓。

民間の風格によって織りなされた
都市の一翼を担う建築。

綿業会館

Mengyo Kaikan

［所在地］大阪市中央区備後町2-5-8
［建設年］1931年
［構造・規模］SRC造6階、地下1階
［設計］渡辺節
国指定重要文化財

MAP p191 B-2

綿業会館ほどに、都市の一部であるかのように感じられる建築は、そうないだろう。建築家・渡辺節の設計によって、日本綿業倶楽部の施設として1931年（昭和6）に完成した。

神戸には同じ渡辺節が手がけた建物として、大阪商船神戸支店（現商船三井ビルディング）が建っている。海岸通の交差点に面した隅に入口を設け、水際からの見え方を意識した装飾が麗しい。完成した1922年（大正11）以来、港町・神戸を代表する顔となっている。

綿業会館も同様に交差点に建つが、こちらには「顔」がない。大阪・船場の面白さは、碁盤の目状の街路が織りなす面白さである。東西に進んでいくにつれ、また南北の道を一本違えるごとに、街の雰囲気が変わっていく。建物の大小、業種の有り様、歩いている人々の様子、それらの変化が肌で

左：玄関ホール正面の舞台のような階段は、豪華な談話室・特別室・会議室などが並ぶ3階に続いている。本館自体としては2階だが、階段の踊り場の先に続く新館が1962年（昭和37）に完成した後、3階と表記されるようになった。綿業会館の見学は原則、毎月第4土曜日に事前申し込み制で行われている。

感じられて、今、自分は生きた都市の中にいるのだと思える。

　綿業会館はさまよって、迷った時に、今いる場所を確認させてくれる建築だ。顔をどこかに向けて、何かをアピールしているようには見えない。正面も側面もデザインが統一され、装飾の少ない窓が規則的に並んでいるために、印象に残るのは壁の存在感だ。

　不特定多数が出入りする大阪商船神戸支店と、限られた人々のための倶楽部という施設の性格の違いは、厳密に直角な隅部に象徴的だろう。こちらはまるで縦横の街路という街の骨格が、そのまま外壁として立ち上がったかのよう。市街地に埋め込まれている。それが変わらずに存在し続けていることで、大阪の地理と歴史を測る基準となっている。

　玄関を入ると正面に、東洋紡績(現東洋紡)の専務取締役を務めた岡常夫の座像が出迎える。岡の巨額の遺贈金を基に、大阪を代表する紡績繊維産業関係者の寄付によって建設された。そんな綿業会館の歴史を物語る。

　巨大な銅像が室内にあっても違和感がないのは、玄関ホールがせせこましく設計されていないためだろう。雄大な階段が左右対称に折り返し、列柱とアーチが規律を生み出している。通常の部屋とは異なった、舞台装置のような空間である。

　各部屋のインテリアは、見事なまでに違う。1階の会員食堂は豊かな天井装飾が特徴だ。クイーン・アン・スタイルに基づいた3階の特別室は華族の邸宅を思わせる華やかさで、隣の会議室はアンピール・スタイルによるシンプルな格式を備える。3階の談話室の壁面は泰山タイルのタペストリーで彩られている。館全体にみなぎるクラフトマンシッ

1階と地下のグリルをつなぐ螺旋階段。ため息の出るような優美な曲線。金属と木材の組み合わせの妙。

プ。民間の資金でここまでの質の建築をつくらせ、今も維持しているという事実は、一言も無しに大阪の文化の厚みを雄弁に物語る。

そんな各部屋が独立しているかのようなデザインが、違和感なく共存しているのはなぜか。建物自体が街であるかのような骨格を備えているからだ。その中心である玄関ホールは、いわば屋内化された都市の広場だ。

綿業会館には、立地と用途を見据えて設計する渡辺の腕が冴え渡っている。国の重要文化財に指定された今も生き生きと使われ、建築という芸術が、場所と切り離せないものであることを教えてくれる。倉

高い吹き抜け天井の談話室。暖炉と窓に挟まれたこの部分の壁は「タイル・タペストリー」と呼ばれている。かつて京都・東山にあった泰山製陶所で焼かれた「泰山タイル」が、まるで織り上げられたかのようだ。渡辺節自ら、タイルを焼く窯元の選定から、焼きあがったタイルの具体的な組み合わせまでも指揮したと伝えられる。

「市民の城」を創造した
前例のない挑戦。

大阪城天守閣

OSAKA CASTLE

［所在地］大阪市中央区大阪城1-1
［建設年］1931年
［構造・規模］SRC造5層8階
［設計］大阪市土木部建築課
国登録有形文化財

MAP p190 B-4

大阪城天守閣は、前例のない挑戦だった。現在の天守閣(天守)は3代目に当たる。初代は豊臣秀吉が建てた大坂城天守。1585年(天正13)に築かれたが、1615年(元和元)の大坂夏の陣で焼失し、姿を消した。2代目の天守は徳川幕府の大坂城再築工事によって1626年(寛永3)に完成。しかし、1665年(寛文5)の落雷で失われ、その後、天守は再建されなかった。

復興の機運は1925年(大正14)の「大大阪」誕生とともに勃興した。この年、大阪市は第二次市域拡張によって周辺地域を併合し、人口200万人を超える日本一の大都市が成立した(P55)。それを記念して「大大阪記念博覧会」が開催された。1ヶ月半の会期中、大阪城天守台の上に姿を見せた「豊公館」は、豊臣秀吉ゆかりの美術品や資料が展示され、眺望が楽しめるとあって大人気。入場制限が行われるほどだった。

これと同様に博物館であり、眺望施設であり、加えて以前と同じ外観を持つ天守を建設すれば、市民の郷土愛を受け止める存在になるのではないか。そんな声が巻き起こったが、実現へのハードルは高かった。

1923年(大正12)の関東大震災は地震と火災に対する木造の弱さを見せつけた。木造でつくるわけにはいかない。となると鉄筋コンクリートが有力だが、歴史的に重要な既存の石垣を傷つけずに重い構造体の建設は可能なのだろうか。

敷地や資金も問題だ。明治維新後、城内は陸軍用地となっていた。資金面でも仮設の博覧会施設とはわけが違う。最新技術で天守を復興するためには莫大な建設費用を負担する必要があろう。

復元設計も難題となる。当時は城郭建築に関する研究の蓄積が乏しく、現在は知られている資料でもまだ見出されて

右:その姿は、徳川幕府の再築工事の際に積まれた緻密な石垣や、国の重要文化財に指定されている13棟の櫓・門などと美しい調和を見せる。大阪城は1953年(昭和28)に国の史跡「大坂城跡」となり、2年後には特別史跡に格上げされた。

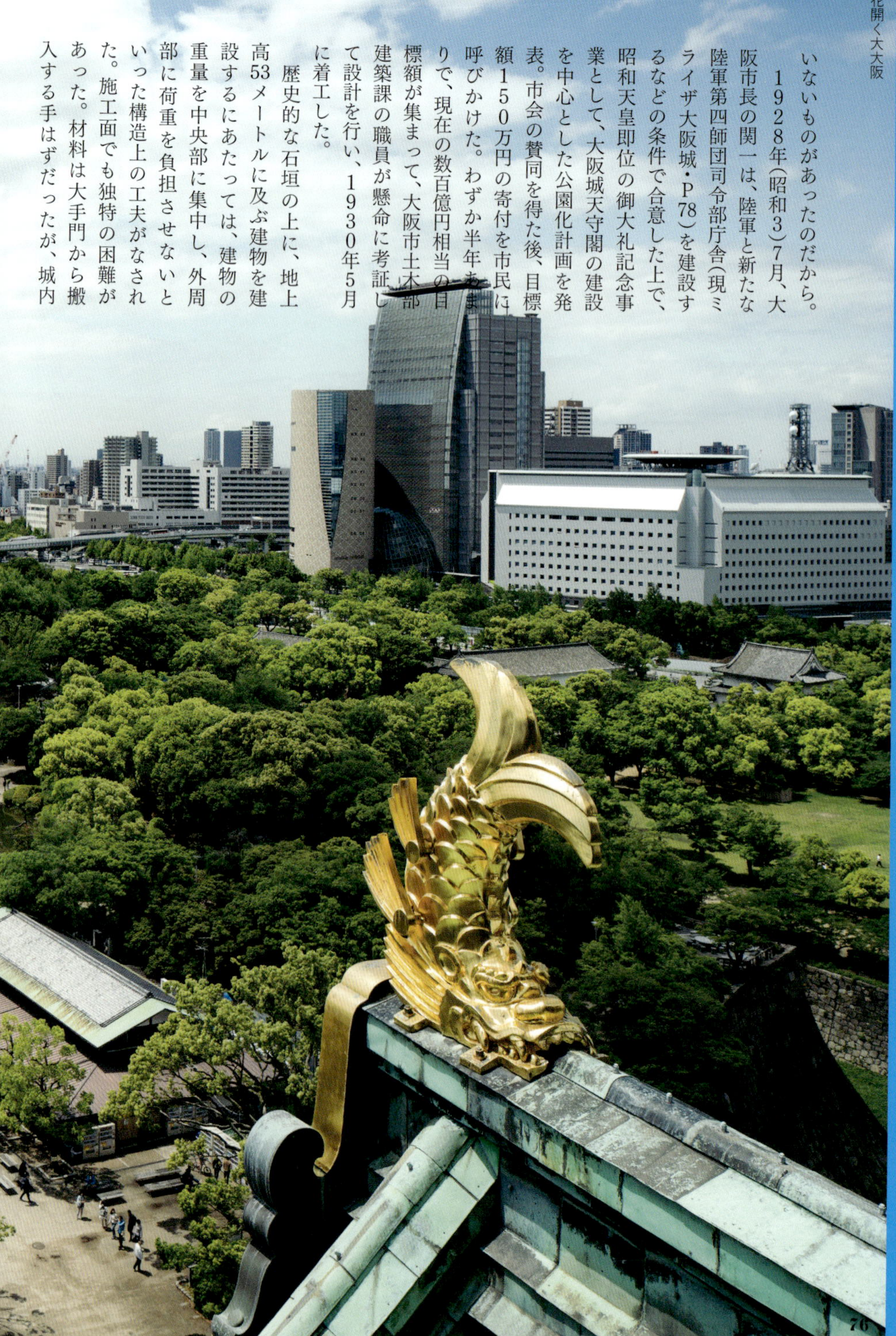

いないものがあったのだから。

1928年(昭和3)7月、大阪市長の関一は、陸軍と新たな陸軍第四師団司令部庁舎(現ミライザ大阪城・P78)を建設するなどの条件で合意した上で、昭和天皇即位の御大礼記念事業として、大阪城天守閣の建設を中心とした公園化計画を発表。市会の賛同を得た後、目標額150万円の寄付を市民に呼びかけた。わずか半年あまりで、現在の数百億円相当の目標額が集まって、大阪市土木部建築課の職員が懸命に考証して設計を行い、1930年5月に着工した。

歴史的な石垣の上に、地上高53メートルに及ぶ建物を建設するにあたっては、建物の重量を中央部に集中し、外周部に荷重を負担させないといった構造上の工夫がなされた。施工面でも独特の困難があった。材料は大手門から搬入する手はずだったが、城内の通路は曲折が多いなど出入りが不自由であるため、鉄骨以外の諸材料は、濠を隔てて架設したケーブルで運搬した。

1931年(昭和6)に完成した鉄骨鉄筋コンクリート造の大阪城天守閣は、戦火の中でも奇跡的に爆弾の直撃を逃れ、今や30〜40年しか存在しなかった初代・2代目の木造天守よりも長い歴史を持っている。

都市に眺められ、都市を知り、都市を眺める。大阪で誕生した「市民の城」のコンセプトは戦後、民主社会の復興のシンボルとして各地に建設される復興天守の手本となった。㊀

大阪城天守閣の再建は、江戸時代の城内や明治以降の軍用地と、それまで極めて限られた者しか立ち入れなかった都市の中心部を市民に開放するという思想から生まれた。近代的なプロジェクトは、戦災からの復興、整備、近年のさまざまな試みまで、現在も進行中だ。

元陸軍施設。博物館を経て、
複合施設として再生。

ミライザ大阪城

Miraiza Osaka-jo

［旧称］第四師団司令部庁舎
［所在地］大阪市中央区大阪城1-1
［建設年］1931年
［構造・規模］RC造3階、地下1階
［設計］第四師団経理部

MAP p190 B-4

イ ンバウンドの増加に大河ドラマ『真田丸』の効果が加わったのか、2015年度の大阪城天守閣(P74)の年間入館者数は、32年ぶりに記録を更新。その後も毎年記録を更新し、2017年度は約275万人となった。平日に訪れても天守閣前の広場は外国人観光客を中心ににぎわい、皆思い思いに記念撮影を楽しんでいる。そんな広場の東側に、長らく玄関の扉を固く閉ざしたままの近代建築があった。

中央に小さな塔を戴く、左右対称の長い両翼をもつ3階建のこの建物は、天守閣の再興と同じ1931年(昭和6)に、当時の陸軍第四師団司令部の庁舎として建てられた。明治以降、大阪城跡とその周辺は、軍の施設として使われてきた。大阪随一の観光地となった現在からは想像しにくいかもしれないが、市民が気軽に立ち入ることの許されない場所だったのだ。

そこにメスを入れたのが、第7代大阪市長の関一。都市計画の専門家として市の近代化を推し進め、御堂筋や地下鉄を整備したことで知られる名市長だ。関市長は1928年(昭和3)に昭和天皇の御大典記念事業として、豊臣秀吉時代の天守閣を市民の寄付で復興し、周囲を公園にすることを提案。市内全戸に趣意書と寄付申込書を配布して、整備費用150万円を集めた。

実はその半分以上の約80万円が、この第四師団庁舎の建設に充てられている。このプロジェクトを実現するには、まず軍に天守閣と公園のための敷地を明け渡してもらう必要があったが、その見返りとして提示されたのが、城内に分散していた軍の機関を集約する、新たな庁舎の建設だったというわけだ。

設計に際しては、城内の景観に合わせて和風にすべきとの議論もあったようだが、西洋を範とする近代的な軍のシンボルとしては、ヨーロッパの城郭を思わせる外観が採用された。東洋の城と西洋の城が対峙する、何とも不思議な光景である。建物は戦後GHQに接収された後に大阪市警察庁舎、府警本部庁舎と用途が転々と変わり、1960年(昭和35)からは大阪市立博物館として市民や観光客に親しまれてきた。

しかし2001年の大阪歴史博物館の新設に伴って閉鎖、その後10年以上使われない状態が続いていた。そこに2015年、大阪城公園パークマネジメント事業によって民間活力が導入され、耐震補強を施してついに2017年、「元博」が「ミライザ大阪」として甦った。室内の装飾や重厚な中央階段を活かしながら、観光地としての大阪城公園に不足していた飲食店や土産物店が整備され、屋上ではバーベキューも楽しめるアミューズメント施設となっている。(高)

右:西洋の古城を思わせる建物中央の正面玄関部分。塔屋の屋上には、今も第二次世界大戦時に使われた機関銃の銃座が残っている。
左:正面中央の大階段は手摺りなど重厚な意匠。踊り場の円盤状の照明は昔からのもので、側面には瓢箪の柄があしらわれている。

港のにぎわいを伝える2棟の近代建築。
デザインの多様性が面白い。

天満屋ビル
Temma-ya Building

旧商船三井築港ビル
Former Shosen-mitsui-chikko Building

天満屋ビル（左）
［旧称］天満屋回漕店 ［所在地］大阪市港区海岸通1-5-28
［建設年］1935年 ［構造・規模］RC造3階 ［設計］村上工務店

旧商船三井築港ビル（右）
［旧称］大阪商船ビル ［所在地］大阪市港区海岸通1-5-25
［建設年］1933年 ［構造・規模］RC造3階（後に地上2階、地下1階）
［設計］不詳

MAP p192 I

2017年は1868年（明治元）に大阪港が開港して150年ということで、さまざまな催しが開催された。当時の物流は水運が主役で、あらゆるモノと人、そして文化が海を渡って大阪港に集められ、市街地へと入っていった。1903年（明治36）には陸地から突きだす槍のような築港大桟橋が完成し、九条の花園橋まで大道路（現在のみなと通）が整備されて、大阪市で初の市電が開通した。大阪港は海外に向かって開かれた大阪のフロンティアであり、港湾事業で大いに栄え、通りにはモダンな建築が建ち並んだ。

現在は中央突堤と呼ばれる大桟橋の跡のたもとに、当時の面影を今に伝える近代建築が2棟並んで建っている。1933年（昭和8）に建てられた旧商船三井築港ビルと、1935年の天満屋ビルだ。

旧商船三井築港ビルは、大阪の海運を担っていた大阪商船（現在の商船三井）が建て、切符売り場兼船員の待合所として使われていたという。大阪商船といえば、大阪を代表する近代建築であった、中之島のダイビル本館を建てたことでも知られる。こちらは小ぶりなサイズであるが、外壁に貼られたクリーム色のスクラッチタイルと、正面中央の装飾が特徴的だ。

もともとは凸型の外観で、両肩の仕上げの異なる部分は後からの増築。サントリーミュージアムがあった2011年頃までは、地下に大阪有数の現代アートのギャラリーがあり、1階にはデザイナーがオフィスを構えるなど、築港のクリエイティブシーンの一翼を担っていた。その後、解体の危機が訪れるが、テナントの有志や市民の保存を願う声が届いて活用が決まり、現在は1階で飲食店が営業を続けている。

天満屋ビルは海運回漕業を営んでいた清水潤が建てた近代建築で、天満屋はその屋号を引き継いだもの。こちらも色違いの茶色いスクラッチタイルで、大きなガラスの開口と幾何学的な構成がモダンだ。現在は陽光がたっぷりと注ぐ部屋にカフェが入居し、ゆったりとした時間を刻んでいる。

いずれも地上2階建てに見えるが、実は竣工当時は3階建てだった。港区と大正区は昔から地盤が低く、台風などの水害に何度も悩まされてきた。それが戦後の復興事業によって、街の道路が約2メートル嵩上げされ、それ以前に建てられた建築は1階が土中に埋まってしまったのだ。現在の玄関はいずれもその後に新たに設置されたもので、天満屋ビルの足元には、かつての1階が覗いている。

そうした目で築港の街を見回すと、戦後に建てられたビルの中にも、階段を4、5段上ってから玄関に入る建物が多いことに気づく。水辺で生き抜いてきた建築の知恵だ。高

右：みなと通に面して、同時代に建てられた近代建築が高さを揃えて並ぶ。
上左：天満屋ビルの交差点に設けられた階段と玄関は道路が嵩上げされた後に新設されたもの。緑色の屋根の範囲も後年の増築。
上右：旧商船三井築港ビルは水平と垂直を強調したモダンなデザイン。階段を下りると埋まってしまった元の1階玄関がある。

地面の下から大阪を支える
強靭なモダンデザイン。

御堂筋線 Osaka Metro

Osaka Metro
Midosuji Line

［建設年］1933年
［構造・規模］SRC造
［設計］原設計：武田五一　実施設計：大阪市電気局臨時高速鉄道建設部

MAP p191

大阪における地下鉄は1930年(昭和5)に工事が開始され、1933年、日本で2番目の地下鉄として梅田－心斎橋間が開業した。先に1927年に開業していた東京地下鉄道(現東京メトロ)銀座線との違いは、当時の都市計画法によって定められた事業であること。大阪の大動脈を生み出すために御堂筋の拡幅とともにつくられ、受益者負担の原則に基づき、快適さが増す沿道の土地所有者からも建設費の一部を集めた。現在必要なだけの利便性ということにとどまらない、公共デザインの一環として成立したのだ。

そんな長期的な視野があったがゆえに、御堂筋線には「建築」としても語れる性格がある。梅田駅、淀屋橋駅、心斎橋駅は地下の大空間が印象的だ。上り下りのホームを一つにまとめることにより、天井が高く、ホームに柱がない駅となっている。梅田駅の天井は2015年に改変されたが、淀屋橋駅と心斎橋駅については、伸びやかなアーチ天井を邪魔しないデザインで、開業当初からの格好よさの勘所が理解されている。

当時の日本では地下鉄道自体の先例がほとんどなく、特に堂島川と土佐堀川の下にトンネルを通すというのは極めて難しい工事だった。当初は御堂筋上に高架鉄道を走らせる案も検討されたが、当時の関一市長や建設部長の英断で地下に建設されることになった。

背景には、1923年(大正12)の関東大震災で地表面より地下の方が被害が軽かったという視察経験もあった。もし高架式にしていたら、今のような広々とした御堂筋の景観はなかっただろう。堂島川と土佐堀川は当時水運が盛んだったので、それを阻害しないよう半分ずつ堰き止めて工事するなど、都市の真ん中ならではの苦心が伝えられる。

梅田駅、淀屋橋駅、心斎橋駅の3駅のアーチ天井は、土木構造物としての合理性だけで形が決まっているわけではない。地下鉄路線の上にかかり、現在、国の重要文化財に指定されている淀屋橋と大江橋などがそうであるように、長く誇りに思える都市の顔となることを意識して設計されている。打ち出されたのは、あえて余計な装飾を施さず、機能美として見せるモダンデザイン。当時、世界の先端を走る都会的なスタイルだ。

各駅の照明器具も工夫され、開業当時からテイストを合わせながら、みな違ったデザインだった。現在の淀屋橋駅と心斎橋駅の照明は戦後のものだが、シンプルで機知に富み、空間そのものを生かしたセンスは踏襲されている。今後も生きた建築として、誇りに思える御堂筋線であってほしい。(倉)

右：上下のホームを一体で掛け渡しているアーチ天井が壮観。心斎橋駅では放射状のデザインが採用されている。
左：淀屋橋駅では光の筒を5本束ねている。現在の照明は1960年代後半にデザインされた3代目。開業当初は中央に逆三角形の出っ張りが一直線に伸びて、光を放っていた。

コピーに甘んじない、
「大大阪」の誇りを持つ学舎。

大阪市立大学

Osaka City University

［所在地］大阪市住吉区杉本3-3-138
［建設年／構造・規模］一号館（本館）：1934年／RC造3階、地下1階　二号館（予科校舎）1933年／RC造3階、地下1階　学生サポートセンター（図書館）：1934年／RC造2階、書庫5階　第一体育館：（体育館）1933年／RC造
［設計］大阪市土木部建築課（伊藤正文）　国登録有形文化財（1号館）

MAP p192 Ⅳ

大阪市立大学の建築を、ここに勤める筆者は誇りに思っている。

大阪市立大学には、終戦以前からある4校の歴史が合流している。まず、1880年(明治13)に五代友厚ら大阪の財界人が創設した大阪商業講習所の流れを汲んで、1928年(昭和3)、日本初の市立大学として開校した大阪商科大学がある。さらに1907年(明治40)に設立した市立大阪工業学校が1926年(大正15)に改称してできた大阪市立都島工業専門学校、それに1921年(大正10)に大阪市西区高等実修女学校として創立した大阪市立女子専門学校の個性も見逃せない。単に机上であったり良妻賢母のための教育ではなく、男女の実学の領域を切り開いてきた。

これら三つの市立学校が統合して、1949年(昭和24)に戦後の学制に基づいた大阪市立大学が発足。これに1955年(昭和30)、大阪市立医科大学(1944年に大阪市立医学専門学校として設立)が加わって、現在のような全国2位の学生数を擁する公立大学となった。

1位は結局、慣れ親しまれた名に戻すことが決まった首都大学東京(2020年から東京都立大学)だが、大阪市立大学は学部の幅広さでは負けておらず、医学部以外の全学部が一つのキャンパスに集約されているのも特徴だ。杉本キャンパスは大和川のすぐ北側と少し遠いが、ぜひ足を運んでいただきたい。

1934年(昭和9)に完成した一号館は、国内の他大学では例を見ない形をしている。校舎は左右対称に伸びて、中央に時計塔がそびえ、その下の玄関を入ると、やはり左右対称形で上昇する階段が壮観だ。機能重視の戦後の校舎ではありえないデザインが、歴史ある大学であることを物語る。

ただし、以上のつくりだけであれば他大学、例えば本学と共に「三商大」と称される現在の一橋大学や神戸大学にも見られる。独特なのは、こうした戦前らしい特徴に、モダンなデザインが重ねられていることだ。ほとんど装飾が見られず、窓は縦長窓ではなくて柱間いっぱいに開けられている。

同時期に建設された図書館(現学生サポートセンター)や二号館、体育館も同じ方向性だ。入念な設計で公共的な威厳は確保しつつ、幾何学による新しい美しさが追求されている。市民的で合理的で公共的。地下鉄御堂筋線や大阪城天守閣と並んで「大大阪」時代の美点を体現している。

こうした校舎群は、旧大阪商科大学のものである。だが、前代未聞の市がつくる大学の発足にあたって、当時の大阪市長・関一が述べた「国立大学の『コッピー』であってもならぬ」という言葉は、戦後に大阪大学との合併案を退け、戦時中の軍と戦後の米軍による接収を乗り越え、今に至るまでの大阪市立大学の全体を貫く精神なのではないか。それは現在どこにあるのか。建築に問いかけられているようだ。倉

右・左上：モダンな美学が貫かれた校舎群。
左下：旧図書館書庫は現在、低い階高と頑丈なつくりを生かし、一風変わった会議室や倉庫として活用されている。

さまざまな様式をちりばめた、
豊穣な市民美術館。

大阪市立美術館

Osaka City Museum of Fine Arts

［所在地］大阪市天王寺区茶臼山町1-82
［建設年］1936年
［構造・規模］SRC造3階、地下1階
［設計］大阪市土木部建築課

MAP p192 B-2

天王寺公園の中にあって、幅広い役割を担っているのが大阪市立美術館だ。日本および東洋の美術品や工芸品を中心に国宝や重要文化財を含む充実した所蔵品を持ち、便利な立地を生かしてさまざまなジャンルの企画展や巡回展が開催され、公募美術展などの会場として親しまれている。1936年（昭和11）に完成した建築そのものもいろいろなものが詰まっているので、ぜひ鑑賞してほしい。

正面に立つと、中央の屋根がまるで日本の倉のようである。頂上には鬼瓦が乗り、左右には軒瓦がせり出す。よく見ると鬼瓦には、半円形を波状に重ねた青海波（せいがいは）と呼ばれる伝統文様が使われている。古代ペルシャからシルクロードを経て伝わったとされる文様だ。

玄関や窓の上はスペイン風に飾られている。軒に用いられているのもスペイン瓦。内部の中央ホールでは、インド

右：和風やスペイン風のデザインを織り込みながら、すっきりとまとめられた外観。
左：正面の階段を上がり玄関を入れば、吹き抜けの中央ホールが出迎える。アーチはいくつもの出っ張りを持ったイスラム風。

やスペインにもあるのと同じイスラム風のアーチを目にできる。西洋の真ん中をあえて避け、ユーラシア大陸のさまざまな要素をつないだデザインなのだ。

個性的な外観は、開館当初から日本や東洋を中心としていた所蔵品の性格を反映している。加えて、場所との対応も理由だろう。この敷地はもと住友家の本邸で、美術館の建設を目的に大阪市に寄贈された。裏手の日本庭園「慶沢園」も同時に寄贈され、近代を代表する庭師・小川治兵衛の名作が建物と調和している。

再び正面に回ろう。玄関の前から広場、階段、そして一直線の歩行路が続き、動物園側からふり返れば、長い道と左右対称の建物が合っている。これほど西洋的な軸線を感じさせる眺めは大阪に他にない。1903年(明治36)に開かれた第5回内国勧業博覧会の跡地にできた公園と、本邸があった場所らしい高台の美術館が織りなす、天王寺ならではの壮観だ。

1920年(大正9)に市議会で美術館の設立が議決され、翌年には住友家からの土地の寄贈が決まったが、その後、財政難や敷地の変更で設計内容を変更。大阪市土木部建築課による現在の案で1928年(昭和3)に着工し、世界恐慌の影響による4年間の工事中断をはさんで完成した。待ち望まれた市民の美術館だった。

長い時が、思いを高めたのかもしれない。建築にはさまざまな様式が盛り込まれている。開館後に実業家から寄贈された美術・工芸品の数々も館の性格を押し広げた。

今、幅広い役割を分担する存在として、2021年度中に中之島に大阪新美術館(仮称)の開館が予定されている(P178)。こちらも1983年(昭和58)の構想開始から長い時を経て、ついに設計者が決定した。同じように優れた建築の質と活動内容、周囲を変える効果を期待したい。倉

一般には公開されていない特別室には大きなシャンデリア風の照明が。天井に伸びる光のラインが交差する様子が美しい。

モダンな建築と大阪の合理主義。

文/大迫 力(140B・編集者)

大大阪時代にはさまざまなタイプの建築が競うように建てられていきました。これらの建築が持つ個性や新しさには、モダンなデザインの影響が見られます。

大阪に洋風建築が現れ始める少し前、19世紀末頃から、世界の建築は、それまで主流だった歴史様式から離れようとする動きが顕著になっていました。伝統的な装飾を省略し、平滑な外観で、重厚さよりも軽さや明るさが持つ魅力を建築に導入しようとしたのです。

大阪のモダンなデザインが面白いのは、洋風建築が主流になるのが東京と比べてやや遅れたぶん、古典的なザ・様式建築が定着し切らないうちから新しい流行の影響を受けた「新造形」の建築が増えていった点だと言われます。

例えば、大大阪の都市計画(P55)の立役者であった片岡安が多用した細部の装飾を大胆に直線化・単純化したデザインは、当時の大阪の典型とされ、外観を見れば片岡のものだとすぐにわかったそうです。

また、同時代に関西で活躍した建築家に河合浩蔵がいます。堂島にあった大阪控訴院ほか裁判所を多く手がけた第一人者で、自らを「現代式」と称し、歴史様式に留まることなく新しい表現を追い求めました。河合の作品で、現在はパティスリーの[五感]が入る北浜の新井ビルは、もともとは銀行として建てられたものです。そう考えると、なかなか軽やかなデザインと言えるのではないでしょうか。

あるいは、大江ビルヂング(P48)の設計者で、「アール・ヌーヴォー屋」と呼ばれた葛野壮一郎は、「ヌーボーとかセセッションとか、兎に角新味の勝った流行的様式がドシドシ取り込まれて、思いきった物が出来る」と大正時代初期の大阪の建築界を評しています。

こうした「新しさ」は当然意図されたものです。最先端であることをアピールしたり、前の時代とは違うことをしたいという思いが、建築家にも施主にもありました。

そんな中、異なる手法で新境地を開いたのが綿業会館(P70)で知られる渡辺節でした。渡辺のアイデアは、古典的な装飾は要所に密度を高くして配置し、それ以外は省略するという大胆かつ合理的なもの。代表作である中之島のダイビル本館はそれが顕著です。豪華にすべきところは豪華にして、必要のない費用や手間は省く。渡辺はたちまち大阪で人気になったそうですが、こういう割り切りを大阪の施主たちが好んだのはなんとなく納得がいきます。

そのため新しいものは生むけれど、今ひとつ突き抜けないというのが、この時代の大阪建築の評価のようです。世界は伝統的な形式から離れたモダンなデザインに向かっているのに、まだ様式建築との間で行ったり来たりしてるの？　ということでしょうか。

ある建築家は、大阪の建築を「実際的打算的に着実」と言ったそうです。それは言い換えれば、新しい方がよければそうするし、古い要素を残した方がよければそれも構わないということ。「出した金に見合うか」を常に考えなければいけないという問題が付いて回ったのも、大阪らしいと言うべきでしょうか。

参考文献『月刊島民 中之島』各号(月刊島民プレス)

大阪における旧三井財閥の拠点。
圧倒的な設計力による古典主義建築。

三井住友銀行 大阪中央支店

Sumitomo Mitsui Banking Corporation

［旧称］三井銀行大阪支店
［所在地］大阪市中央区高麗橋1-8-13
［建設年］1936年
［構造・規模］SRC造2階、地下1階
［設計］曽禰中條建築事務所

MAP p190 B-3

中之島に建つ日本銀行大阪支店を別格とすれば、大阪市内にある銀行の中で、最も「銀行らしい」建築と言ってよいだろう。北浜の堺筋沿いに建つ三井住友銀行大阪中央支店は、1936年(昭和11)に三井銀行大阪支店として建てられた、現役の銀行建築である。

江戸時代の三井両替店に端を発する三井銀行は、1876年(明治9)に日本初の私立銀行として創業された。大阪では、三井銀行大阪分店の時代を経て、1901年(明治34)に現在地に支店を定めた。1914年(大正3)にはドイツ人建築家、ゲオルグ・デ・ラランデの設計によって西洋式の店舗が建てられている。敷地の南側を東西に通る高麗橋通は、近世から東の大阪城天守閣へと至る目抜き通りとして栄え、通りを挟んだ南側には、阪神淡路大震災で被災するまで三越大阪店が威容を誇っていた。三井にとって、高麗橋は常に大阪のホームグラウンドだった。

三井といえば、アメリカのトローブリッジ&リヴィングストン建築事務所の設計によって、1929年(昭和4)に完成した東京の三井本館が有名だが、この時期に三井銀行は質の高い支店を各地に建設している。大阪でも同じリヴィングストンの設計によって、船場支店と川口支店が1931年に建てられた(いずれも現存せず)。その堂々たる姿は目を見張るものがあった。

大阪中央支店を設計した曽禰中條建築事務所は、建築家の曽禰達蔵と中條精一郎によって設立された、戦前期における日本最大の建築設計事務所の一つで、完成の年に中條が、その翌年には曽禰が亡くなり事務所も解散状態になることから、最後の作品と言っていい。その出来栄えは彼らの集大成を示すに相応しいもので、北木島産花崗岩を用いたイオニア式の大オーダー(列柱)による新古典主義の外観、イタリア産の大理石を使ったコリント式の円柱が大空間を囲む営業室、そして天井の八角形の格天井と細部まで施された彩色など、一分の隙もない密度で設計されている。それは明治以降の日本が懸命に学んできた西洋の様式建築の最終到達点を示すものであり、その完成度の高さは多くの専門家の認めるところだ。

1967年(昭和42)に東側にカーテンウォールのビルを増築して連結しているが、旧館は内外装共にその特徴をよく保存している。2013年には柱や天井の補修・清掃を実施し、モダンなリング状の照明を新たに設置、2015年には平日のみ外観のライトアップも始め、その彫塑的な美しさがより際立つようになった。高

右：イオニア式の列柱がライトアップに映える、堺筋に面した正面外観の夕景。
左：改修によって設けられたリング状の照明によって天井にも光があたり、精緻な天井装飾が更に際立つ。

大大阪を豊かにした市民の思いと都市計画。

大正時代に入り、都市が大きくなっていく中で、大阪における洋風建築はより一般的になっていきます。それは、あくまで「公」のものだった建築が、「民」のものとして受け入れられるプロセスでもありました。

倉方　明治時代の洋風建築は「江戸時代の古い町を書き換える」という「お上」の思惑に駆動されていましたから、かつての「お上」の中心地から建設されます。大阪城の隣の造幣局がそうですし、江戸時代は蔵屋敷が建ち並んでいた中之島に銀行・市庁舎・図書館・公会堂と西洋的な施設が建って、都市の近代化を先導するのも同じです。そうした動きを見て、「これからは洋風建築の時代なんだな」と感じる民間の人たちの働きが大事になるのが大正時代。大阪の場合、主役は船場の商売人たちです。

高岡　大阪で鉄筋コンクリートの建築が増えるのはだいたい１９２５年以降。これには１９２３年（大正12）に関東大震災が起こったことが関係しています。震災を機に大阪に業務を移転した東京の企業もあり、人口も日本一になって一時期の大阪は日本の中心になりました。このあたりから大大阪時代（Ｐ55）の幕開けとなり、民間主導による建設が増えていきます。

倉方　地震を考慮して、予定を変更して鉄筋コンクリート造にしたという建物も多いですよね。おかげでその後の戦災を生き延びた建物も多く、今の船場の建築の豊かさにつながっています。大正時代から昭和初めにかけて、オフィスビル、デパート、集合住宅といったさまざまな種類の建築が現れ、街並みを変えていった様子が具体的に理解できます。

高岡　都市の生活様式は引き継ぎながら、建築という「器」の部分だけ変わっているのが面白いですよね。堺筋にある生駒ビルヂングは輸入時計を扱う専門店でしたが、竣工当時は最上階に和室があり、そこで丁稚さんが寝起きしていたそうです。近世の商いや生活をそのまま近代建築の中でやっていたわけですね。

倉方　前の時代と違うのは、船場という街の性格がガラッと変わったわけではなく、江戸時代からの商業地の性格を残しながら、民間主導で建て替えが進んでいった点です。つまり、生業と密接なんですね。明治時代の洋風建築は言ってしまえば、日常の暮らしに直接は関係しないものだった。それがもともとの商売や生きることと密接に関わる建物を、木造から鉄筋コンクリート造に置き換えるようになっていった。そんな洋風建築の定着のプロセスがよくわかります。

髙岡　「そろそろ西洋風の服に着替えよか」ということですね。

倉方　では、「お上」がいなくなったのかと言うとそうではなくて、単体の建物を超えた広い視野を持っていきます。大大阪時代は、都市計画によって街が変化した時期でもありますよね。第一次世界大戦が終わった頃から、都市政策というものが本格的に考えられるようになります。つまり、民間に任せておくだけでなくて、公が道路を広くしたり、公園を計画したり、住宅を供給したりすることが必要だ。広い視野に立った計画を通じてこそ、都市の暮らし全体がよくなり、みんなが得をするのだとわかってきた。そんな都市計画を最も実行し、国内をリードした街が大阪でした。

髙岡　はい。関一市長と建築家の片岡安がコンビを組んで大阪の都市計画を推進していきます。この都市計画事業も近代建築の建て替えにすごく影響を与えていて、例えば狭い道路が拡幅される際の「軒切り」をきっかけに、町家をビルに建て替えるケースがあります。また、御堂筋が拡幅されて、地下鉄が開通するとなれば、「これからは御堂筋が中心になるだろう」と目端を効かせて新しい建物を構える人もいますよね。髙島屋などは顕著で、堺筋の長堀橋に店舗を建てて間もないのに、御堂筋が拡幅されると聞いてすぐ近くの難波にも店を出しています。都市計画によって民間の人たちも動いていくし、建物も変わるわけですね。

倉方　それは西洋も同様で、例えば現在のパリの統一感のある景観も、ナポレオン3世の時代に県知事のジョルジュ・オスマンが大きな道路を引いたことと、ここにアパルトマンを建てれば儲かるんじゃないかと考えた人々のばらばらな思惑とによって生まれました。絶対権力の時代ではないので、近代の都市は公の計画と市民の思いのせめぎ合いでつくられる。そこに面白さがあります。

髙岡　大阪城天守閣（1931年・P74）もそうですね。陸軍の施設になっていたあの場所を、やはり都市には市民に開放された公園があるべきだと考えた關一市長が、公園整備のシンボルとして天守閣の復興計画を立てた。關さんの手腕が光るのは、復興に際して建設費の寄付を募って市民が参加できる仕組みをつくったところですよね。行政主導の都市計画なのですが、寄付によって大

1930年（昭和5）に着工された御堂筋の拡幅は、地下鉄工事を伴う大規模なもの。7年の歳月を費やし、44mに幅を広げた。

阪の人は「自分たちの天守閣だ」という愛着が持てる。

倉方 現代に通じる手法ですよね。行政の本来の役割は、プレイヤーとして事業を実施するというよりは、短い時間や狭い地域に終わらない計画を立てること。広い視野に立った公共の計画と民間の資本が、いい関係で役割分担する。それをこの時代の大阪がちゃんと行っていたことにもっと自信を持って、「では現在の同様のやり方は？」と考えるきっかけにしていいはずです。

高岡 大大阪時代をふり返ると民間の人たちが元気だったという点ばかりが強調されますが、日本ではかなり先駆的な都市計画がその背景にあることは、押さえておかなくてはいけません。

船場
現在の淀屋橋～北浜～南船場一帯。豊臣秀吉が大坂城を築く北浜～南船場。豊臣秀吉が大坂城を築く際に、町人街として新たに開発したのが始まり。

関東大震災
1923年9月1日に発生した大地震。当時の東京市は木造住宅が密集していたため、広範囲に火災が発生し、被害が拡大した。

関一
1873～1935　第7代大阪市長。近代都市計画の専門家として御堂筋拡幅や地下鉄建設などインフラ整備に力を入れた。

片岡安
1876～1946　辰野金吾と共同で事務所を設立。日本建築協会を立ち上げ建築家の職能確立を図ると共に都市計画にも積極的に参加。

軒切り
町家の一部を切り取り道路の幅員を回復すること。市電の敷設や都市計画に基づく道路拡幅も軒切りと総称することが多い。

陸軍の施設
大阪城周辺は明治維新後は陸軍の管轄の土地となり、第四師団司令部ほか軍事関連の施設が置かれていた。

關市長が主導し、市民の寄付によって行われた大阪城の復興は、人々が「大大阪」と胸を張った時代の象徴的な出来事となった。
写真／『西日本現代風景』より

第Ⅲ章
「大」から「新」への戦後

1953年	フジカワビル
1959年	新桜川ビル
	ザ・ガーデンオリエンタル・大阪
昭和30年代	相互タクシーのりば
1962年	住友ビルディング
1965年	リバーサイドビルディング
1969年	OMM
1970年	太陽の塔
	EXPO'70パビリオン
	北大阪急行千里中央駅周辺
1974年	NTTテレパーク堂島
1977年	国立民族学博物館

戦後復興期の村野藤吾の小品。
元画廊の吹抜空間が楽器店に。

フジカワビル

［旧称］フジカワ画廊
［所在地］大阪市中央区瓦町1-7-3
［建設年］1953年
［構造・規模］RC造5階、地下1階
［設計］村野・森建築事務所（村野藤吾）

MAP p190 B-3

20世紀の日本を代表する建築家、村野藤吾の設計したビルが、かつて大阪のビジネスセンターであった北船場には5件残っている。当時の経営者達は昨今の風潮と違い、自社のビルを企業の体を表すものとして重要視し、しかるべき建築家に設計を依頼したのだろう。

5件のうち輸出繊維会館は『生きた建築 大阪』で既に紹介したが、堺筋に面して建つフジカワビルもまた、味わい深い。村野はフジカワビルが完成した1953年(昭和28)の翌年に、代表作の一つである広島の世界平和記念聖堂を手がけている。丹下健三設計の広島平和記念資料館と共に、戦後の建築として初めて重要文化財に指定された名建築だ。当時の村野は60代の前半で、建築家として脂の乗っていた時期。フジカワビルはそんな時代の珠玉の小品である。

間口10メートル弱で5階建の外観は、四角い箱形のシンプルな形状だが、特徴的なのは2階から4階までの外壁一面を覆うガラスブロックで、さらにその中に透明ガラスの水平連続窓をはめ込み、性質の異なるガラスを入れ子状にしている。両端の手摺り状の部分はレリーフになっていて、これは村野自身が「アダムとイヴ」をモチーフに原案を考えたという。幾何学的な構成と装飾的な要素の共存は、村野建築の大きな特徴の一つだ。

フジカワビルは、1947年(昭和22)に「フジカワ画廊」を設立した美津島徳蔵によって建てられたもので、1階と2階は高さ5メートルを超える吹き抜けを持つ画廊として計画された。フジカワ画廊ではマチスやピカソといった、近代絵画の巨匠がいち早く紹介された。

上階部はテナントスペースになっているが、近年は建築の魅力に惹かれたのだろう、

右：「ガラスブロックの壁」ともいうべきユニークなファサードデザイン。両端のバルコニー状の凹みが、ガラスの箱を強調している。
左：2階の吹抜に面して設けられていた画廊の社長室は、全面強化ガラスで仕切って楽器のレッスンルームとした。

建築設計事務所やデザイン事務所などが入居し、屋上のペントハウスはヘアサロンが使っている。そこに2016年(平成28)、画廊と入れ替わる形で丸一商店という楽器店がテナントに加わった。

1937年(昭和12)に設立された、主にバイオリンなどの弦楽器を扱う老舗で、早くから海外の一流楽器メーカーを紹介し、日本のクラシック音楽の発展に貢献してきた名店だ。高い吹抜空間やアクセントのらせん階段など、当初の空間の魅力は最大限活かし、村野がデザインしたソファなどの家具も引き継がれている。レッドカーペットが敷き詰められた華やかな空間では、定期的にミニコンサートが開催されるなど、美術から音楽へとジャンルは変わったが、堺筋の重要な文化発信拠点であり続けている。

北船場は空前の近代建築ブームだが、戦後に建てられたビルにも優れた建築は多い。フジカワビルの活用は、戦前の近代建築への注目を戦後へと橋渡しする、重要な役割を担うことになるだろう。(高)

上：ペントハウスにはヘアサロンが入居、屋上は緑豊かなオアシスとなっている。
下右：ファサードのガラスブロックは、新しく取り替えられている。下左：村野藤吾らしい、滑らかな曲線を描く共用部の階段。

建築家と企業が紡ぎ合う建築史。

文／大迫 力（140B・編集者）

フジカワビルの設計者である村野藤吾は佐賀県の出身です。このように大阪で活躍した建築家の出身地を見ると、実はその多くが大阪以外の出身者であることがわかります。

例えば、この本でも何度も名前が挙がっている辰野金吾は佐賀県出身、片岡安は石川県出身です。綿業会館（P70）の渡辺節も、中央公会堂（P22）の設計コンペで1等に輝いた岡田信一郎も東京出身。大阪ガスビルや大阪倶楽部で知られる安井武雄は千葉です。戦後を見ても、リーガロイヤルホテル大阪のリーチバーを手がけた吉田五十八（東京）や大阪府立国際会議場（P152）の黒川紀章（愛知）など、例を挙げればきりがありません。こうした傾向は、大阪人の生来の新しいもの好きの気質や、「やってみなはれ」といった精神の表れなのでしょうか。

ところで、建築家個人を見れば他府県出身者が多い一方で、大阪に根ざした建設会社や組織設計事務所が建築史と密接に関わっているのも、大阪の建築界の面白い点です。

藤井厚二（朝日新聞大阪本社・1916年）、石川純一郎（朝日ビルディング・1931年）、岩本博之（御堂ビル・1965年）といった"レジェンド"が語り継がれる竹中工務店。明治時代の築港工事をはじめ、地下鉄関連の工事や大阪城天守閣など、インフラ整備の面でも大きく貢献した大林組。これら2社を抜きにして大阪の建築史を語ることはできません。

また、大阪で創業し、今や日本最大の設計事務所となった日建設計のルーツもユニークです。大阪府立中之島図書館（P99）の設計者である野口孫市は、建物と図書購入費を寄付した住友家の本店臨時建築部の技師長でした。この臨時建築部とは、銀行の新社屋から住友家の別荘まで、いろいろな建物のために設けられた部署です。野口が若くして亡くなった後も、共に図書館の設計に当たった日高胖や、本店ビルの実担当となる長谷部鋭吉、竹腰健造といった才能ある建築家が集いました。

その長谷部と竹腰は、悲願だった住友ビルディング（現三井住友銀行大阪本店）の工事終了後、独立して事務所を開業。北浜の大阪証券取引所ビルなど多くを手がけます。その事務所が日建設計へとつながっていくのです。

大阪以外の土地から多くの人材を受け入れ、その才能の輝きが組織の中でも消えることなく、建築を通して街との関係が築かれていく。いかにも個性を受け入れて活かすのが得意な大阪らしいという見方は、物語的に過ぎるかもしれません。

参考文献 『大大阪モダン建築』（青幻舎・2007年）
『月刊島民 中之島』各号（月刊島民プレス）

住宅不足の切り札「併存住宅」を、
バージョンアップ。

新桜川ビル

Shin-sakuragawa Building

［旧称］桜川団地
［所在地］大阪市浪速区桜川3-2-1
［建設年］1959年
［構造・規模］RC造4階
［設計］大阪府住宅協会

MAP p192 A-1

戦後、日本の各都市は深刻な住宅不足となり、公的セクターが都心に数多くの共同住宅を建設していった。その中に「併存住宅」と呼ばれるタイプがある。低層階に店舗や事務所を置き、その上に住戸を積み上げ用途を「併存」させた建築のことで、日本住宅公団（現在のUR）などが都心の土地所有者に働きかけ、民間が建て替える低層部分の上に、集合住宅を建てさせてもらったものだ。

民間は補助などを受けて低コストで建て替えることができ、公的には都心の高度利用で住宅供給を図り、鉄筋コンクリート造とすることで、都市の不燃化・耐震化を推進できるメリットがある。

大阪市内には現在も数多くの併存住宅が残っているが、その中で最も特徴的な形をしているのが、千日前通と新なにわ筋の交差点南東に建つ、新桜川ビルだ。ちょうど阪神

右：集合住宅には見えない円筒形のユニークな外観。
左：高速道路と併走するかのような屋上のカーブがかっこいい。屋上には物干しがある。

高速15号堺線が南に折れるところで、高架の大きなカーブに曲率を合わせたかのような、丸い筒状の形をしている。実際はビルの方が10年ほど先にできているのだが、ダイナミックな曲線呼応は、他では見ることのできない都市景観だ。

新桜川ビルは、大阪府住宅協会(現大阪府住宅供給公社)の設計によって、1959年(昭和34)に竣工した。当時の資料には桜川団地と書かれている。4階建で1階に店舗、2階に事務所が入居し、3階と4階に分譲住宅が設けられた。バウムクーヘンを半分に切ったような平面形から、一つひとつの区画は平行な壁のない扇形となり、住戸の間取りは押入れが三角形になっていたりして面白い。

さらにこのビルがユニークなのが、かつては、エントランスを潜り抜けたその先に、木造の市場が並んでいたことだ。竣工時の写真を見ると、確かに「新桜川商店街」の看板が見える。現在はビルの1階に古くからの店舗が何軒か残っているものの、ビルの裏側はマンションとなり、市場の面影はない。

いわゆる団地マニアの間では、以前から新桜川ビルの存在は有名だったが、2015年にリノベーションを得意とするアートアンドクラフトが再生を手がけたことで、新たな注目が集まった。既存の良さは残しつつ、テナント区画の内部は大胆にスケルトンにしたことで、入居者が自由に使いこなせる賃貸物件となっている。低層階にはコーヒースタンドやバーなどが入居して人気だ。

市内に残る併存住宅は、築年数が古く面積も手頃なため、立地のわりには家賃の安い物件が多い。都心居住の傾向が高まる中、職住一体のライフスタイルに合わせた活用など、併存住宅の活用にはまだまだ可能性がありそうだ。(高)

低層部にはカフェなど、個性的なショップが思い思いのインテリアで店を構えている。

上：内側の共用廊下は多角形で、低層部はガラスで仕切られた屋内、住宅階は屋外廊下になっている。
下：アートアンドクラフトによってリノベーションされた住戸。完全なスケルトンにするのではなく、古い住戸の仕上げをあえて部分的に残している。

成長の時代の「マンモスビル」。
今も１フロアの面積は大阪最大。

住友ビルディング

Sumitomo Building

［旧称］新住友ビルディング
［所在地］大阪市中央区北浜4-5-33
［建設年］1962年
［構造・規模］SRC造12階、地下4階
［設計］日建設計工務

MAP p191 B-2

重厚長大産業が日本をリードした高度経済成長期、巨大であることを表す言葉としてよく「マンモス」が使われた。例えば1958年(昭和33)竣工の西長堀アパートは、250戸を超える巨大さから「マンモスアパート」の愛称で呼ばれ、庶民の憧れの的だった。同時期、都心の事務所需要が急増してオフィスビルも巨大化し、大阪にもいくつかの「マンモスビル」が登場する。

住友ビルディングは1962年(昭和37)の竣工で、地上12階・地下4階の延べ床面積約9万平方メートル。床面積で当時西日本最大、現在も賃貸オフィスビルの1階当たりの床面積としては大阪最大という、正真正銘のマンモスビルだ。

建築基準法が改正されて1969年(昭和44)に大阪に適用されるまで、建築の高さは原則として31メートルに制限され(住友ビルは特例で45

右：その巨体を川面に映す住友ビルディングの外観。戦前・戦後の新旧の「住友ビル」が並ぶ景色に、建築が都市の歴史をかたちづくることを強く感じる。
左：ステンレスで仕上げられた列柱が、ビルの巨大な容積を支えている。中央は北側玄関。

メートル)、超高層ビルを建てることは許されなかった。当時のオフィスビルは上へ延びることはできず、床面積を確保するためには、横へと広がるしかなかった(加えて地下へも延びた)。

その結果、大阪には新朝日ビル(1958年)、新ダイビル(1958年/1963年増築)、新阪急ビル(1962年)、そして新住友ビル(1962年)といった5万平方メートルを超えるマンモスビルが、梅田から中之島にかけて建設された。いずれも有力企業の中枢

右上：入居企業が利用可能な共用の大会議室。木質系で仕上げられた壁と天井はオリジナルのまま。
右下：会議室の音響に配慮した山形の壁に揃え、枠を省いてその存在が消された両開きの扉。
左：1階の中央を交差する幅の広い共用廊下とエレベーターホール。正面2階部分の光壁は、改修によって新たにデザインされた。

機能を収容し、さながら一つひとつのビルが島状の都市を形成するかのようだった。

住友系企業のためのテナントビルとして計画され、現在も約3500人のオフィスワーカーが働く住友ビルのようなマンモスビルでは、人の動線をいかに効率よくさばくかが大きな課題となる。正方形に近い平面の中央に十字の通路を設け、12台ものエレベーターを整然と並べたシンプルなロビーは、もはや都市の街路のようだ。

住友ビルを設計したのは日建設計。日建設計といえば、西隣には同社の記念碑的な作品である、旧住友ビルディング(三井住友銀行大阪本店ビル・1930年)が建っている。設計を担当した山根正次郎は、終生の恩師と慕う先達の名作を前に、身震いしたことだろう。

外観のデザインはクラシックな近代建築の旧住友ビルとは対照的に、現代の素材としてアルミとステンレスという金属を多用して、ガラスの開口が連続する軽快なファサードを構成し、四隅のコーナーだけをイタリア産白大理石の粗面仕上げにして安定感を与えた。白と白銀を基調としたモダンな印象はその巨大さを中和し、旧住友ビルとのコントラストが逆に2棟の関係性を強調している。竜山石を用いた黄金色の旧住友ビルに対する、新住友ビルのプラチナの輝きといったところだろうか。

1970年代以降、オフィスビルは超高層ビルの時代を迎える。その意味で、マンモスビルは高度経済成長期に特有の形式と言える。土佐堀川の背景に、大大阪時代と高度経済成長期、二つの時代のピークを代表する大建築が並んで建つ景色には重要な意味がある。大阪の近現代建築史を生きて伝える貴重なビル景観だ。(高)

水平連続窓が川面に映える。
昭和の中之島を伝える貴重な存在。

リバーサイドビルディング

Riverside Building

［所在地］大阪市北区中之島3-1-8
［建設年］1965年
［構造・規模］RC造5階、地下1階
［設計］岸田建築研究所（岸田日出刀）
国登録有形文化財

MAP p191 B-2

大阪市北区中之島に建つリバーサイドビルディングが、2016年新たに登録有形文化財に加わった。登録有形文化財は竣工後50年を経過した建物が対象となるが、建築に関して言えば、そのほとんどは戦前に建てられたものだ。リバーサイドビルは1965年(昭和40)の竣工。それまでは1963年に建てられた神戸のポートタワーが最も新しく、大阪に関して言えば、戦後は通天閣(1958年)の1件が登録されるのみだった。つまりリバーサイドビルは、「最新の」文化財ということになる。

その名の通り土佐堀川に面して建つこのビルは、岸田日出刀によって設計された。岸田は東京大学の教授として、丹下健三といった日本の近代建築史を代表する建築家を世に送り出した教育者であり、自身の作品は多くはないものの、東京大学の安田講堂がよく知られている。大阪では北御堂(本願寺津村別院)が岸田の作品だ。

一見したところ、そんな建築界の大家が設計したようには見えない。その外観はどこにでもありそうな「普通のビル」で、たとえ専門家であっても、これが岸田の作品だと見抜くことは無理だろう。リバーサイドビルに、建築家の個性やオリジナリティといったものはない。

しかしどこにもないオンリーワンの建築を設計することだけが、建築家の役割ではない。例えば「普通」を、「典型」と言い換えてみたらどうだろう。装飾を一切排した幾何学的な直方体に、水平に連続する窓を設けただけのシンプルな構成は、岸田のような先駆者が欧米から日本に導入した、モダニズムという新しい建築のあり方を示している。

岸田は丹下のような傑出した存在を育てただけでなく、それ以上に、数多くの無名の設計者や専門家を全国に送り出した。その薫陶を受けて彼らが各地で設計した数え切れないビルが、日本の都市の街並みをつくった結果、それが「普通」になったと考えれば、岸田の設計したリバーサイドビルこそ、この時代のビルの教科書、つまり「典型」ということになるだろう。

しかし現在、東京や大阪の中心市街地では、高度経済成長期のこういった普通のビルが、次々と姿を消している。開発の進む中之島では、東部の中之島図書館や中央公会堂といった戦前の歴史的建築物と、西部で進む再開発で建てられた平成の超高層ビルの二極化が進み、その間の戦後昭和の建築が、ほとんど残らないという極端な状況になっている。その意味で、リバーサイドビルが文化財になったことの意義は非常に大きい。今後「普通のビル」に、もっと関心の目が向けられる契機となればと願う。高

右：土佐堀川に沿って建つ南面の外観。両端に張られた複雑な色合いを見せる緑のタイルは、有田焼の小口タイル。
左：かつてこの地には「クラブ・リバーサイド」という華やかな社交空間があった。そして現在、新しい時代の社交の場が、リバーサイドビルにも設けられている。

シカゴがヒントの立体卸売センター。
今もその眺望は格別。

OMM

OMM

［旧称］大阪マーチャンダイズ・マートビル
［所在地］大阪市中央区大手前1-7-31
［建設年］1969年
［構造・規模］SRC造22階、地下4階
［設計］竹中工務店

MAP p190 B-3

国内最高の高さを誇るあべのハルカスや、外国人観光客にぎわう梅田スカイビルなど、人気の展望台をもつ超高層ビルはいくつもあるが、「大阪らしい」眺めという点では、天満橋の南詰に建つOMMも負けていない。地上22階、78メートルという高さは、都心の高層ビルとしては目立って高いわけではない。しかし、南東に大阪城公園を一望に見下ろし、西を向けば剣先から中之島を一直線に見通すことができる。これ以上に「大阪」を満喫できる展望スポットが、他にあるだろうか。

OMMは、大阪マーチャンダイズ・マートビルとして、1969年(昭和44)に竹中工務店の設計・施工によって完成し、OMMビルの略称で親しまれてきた。竣工当時、西日本で最も高いビルとして大きな注目を集め、22階には回転展望レストラン「ジャンボ」があり、1973年からは20階の屋上でスカイビアガーデンがオープンして市民の人気を集めた。しかしOMMで注目すべきは眺望だけではない。このビルは大阪の都市計画上、非常に大きな意味をもっていた。

大阪では船場地区の繊維問屋に代表されるように、中心市街地にひしめき合うようにして店舗が集まり、業種ごとの問屋街を形成していた。店内は狭隘で前面の道路も狭く、車の積み荷の出し入れが慢性的な交通渋滞を引き起こして、都心の交通網が麻痺する深刻な状況を生み出していた。何より低層の建物が都心を埋める問屋街は、土地の高度利用という点であまりに非効率で、商業都市・大阪の地位の低下が叫ばれる中、卸売業の合理化と流通の改善は大きな課題となっていた。

そこで計画されたのが、立体卸売センターとしてのOMMだった。フロアごとに同業種からなる問屋街を形成し、施設や設備を共有して立体的に積み上げて機能集約をはかることで、都心の高度利用を推し進めようとした。当時国内に先例はなく、計画に際してはシカゴのマーチャンダイズマートなどを視察したという。

敷地は京阪電鉄の始発駅であった天満橋の地上駅があった場所で、1963年(昭和38)に淀屋橋駅までの延伸が実現し、天満橋駅は道路を挟んだ地下駅に移設されたため、旧地上駅にできた空き地が計画地として選ばれた。その背景には、郊外ではなく都心の立地が有利とされた、繊維をはじめとする軽工業主体の大阪の卸売業界の特質もあった。

現在は回転こそしていないが、今も最上階部分には上質なサービスを提供するレストランがあり、屋上も夜間まで開放されている。竣工から間もなく50周年を迎えようとするOMMとそれを取り巻く状況は大きく変化したが、大阪城と中之島という、大阪の歴史と地理の要を見渡す眺めの素晴らしさは、今もまったく変わらない。高

右:大川に面して建つ巨大なミラーガラスの外壁に、青空と雲が映り込む。当初の外壁はコンクリート製のパネルだったが、1989年(平成元)、当時最新の技術を用いたガラスのカーテンウォールへと改修された。
左:大阪城公園やOBPを望む東側の屋上庭園は、普段から一般に開放されている。

旧電電公社初の超高層ビル。
オープンスペースは70年代の雰囲気。

NTTテレパーク堂島

NTT Telepark Doujima

［名称］大阪堂島電電ビル
［所在地］大阪市北区堂島3
［建設年］1974年
［構造・規模］S造25階、地下5階
［設計］電電公社（松田正司）

MAP p191 B-1

現在、ＮＴＴグループのビルが建ち並ぶ大阪市北区堂島３丁目、「ＮＴＴテレパーク堂島」と名付けられた大きな街区は、大阪の近代史、また近現代建築史にとって重要な施設が入れ替わり建てられてきた、いわば特異点のような場所と言える。

江戸時代の堂島西部には、中之島と同様に諸藩の蔵屋敷が並び、この地には大村藩（長崎県大村市）の蔵屋敷があった。明治維新の版籍奉還によって大名の領地は国に返還され官庁や工場などが建てられていくが、そこに登場するのがあの五代友厚だ。

五代は１８７６年（明治９）、この地に国産の製藍所「朝陽館」を設立した。現在の街区全域を敷地とする大工場だったが、残念ながら事業としてはうまくいかず、１８８３年（明治16）に閉鎖される。その後この地に五代は、現在の大阪商工会議所の前身である大阪商法会議所を設立した。１９２２年（大正11）に新しく改築された建物は、大阪の近代都市計画において指導的な役割を果たした片岡安が設計を担当している。大阪商工会議所は１９６８年（昭和43）に現在の本町橋近くに新ビルを建設して移転するが、それまで五代友厚の像もここにあった。

１９０９年（明治42）にキタの大火があり、その焼け跡に建てられたのが大阪市庁舎（１９１２年）。当初市役所は府庁に併設される形で江之子島に設けられていたが、１９２１年（大正10）に現在の中之島の地に本庁舎（現庁舎の先代）ができるまでのおよそ10年間、木造の仮市庁舎がこの地にあった。

ここでやっとＮＴＴの前身である逓信省が登場する。１９２７年（昭和２）、田蓑橋北詰の堂島川沿いに、電信を管轄する大阪中央電信局が建

右：コの字型の断面をもつ、プロフィリットガラスという特殊なガラスをヨーロッパから輸入し、外観に全面的に採用している。
左：街区の西と北には広々としたオープンスペースがあり、抽象的な石の彫刻や噴水などが配されている。

てられた。装飾を排した合理的な外壁の構成と、アーチを多用した個性的な屋根の組み合わせは斬新な建築として注目を浴びた。設計したのは逓信省の建築家・山田守。山田は日本のモダニズムを代表する建築家の一人で、関西で現存するものとしては、独立後に手がけた京都タワーがよく知られている。

戦後になって逓信省から電電公社へと組織を変え、少しずつ敷地を広げて、街区は電電公社の建築が集中するエリアへと変貌していった。その中で登場するのが大阪堂島電電ビル、現在のNTT DATA堂島ビルだ。1974年（昭和49）に完成した25階建て120メートルのビルは、電電公社として初めての超高層への挑戦だった。プロフィリットガラスと呼ばれる特殊なガラスを全面的に採用したクールな外観は、高さでは現在の超高層には遠く及ばないものの、そのデザインは現代においても異彩を放っている。

また、建物の周囲はオープンスペースを広くとって広場になっているが、石の彫刻と一緒に付属棟もまるでオブジェのように配され、プレキャストコンクリートによって持ち上げられた空中庭園や、ステンレスの輝きが未来的な噴水など、空間全体に大阪万博のあの1970年代の雰囲気が横溢している。

最後に個人的なことを言わせてもらえば、私は大阪の超高層ビルの中で、このビルが一番好きである。(高)

右：街区の東側。右手前はNTTテレパーク堂島第1ビル。大階段の先に、駐車場の上に持ち上げられた人工地盤が広がっている。
左：2階レベルに設けられた人工地盤の庭園。5階から上の縦に細長い帯がプロフィリットガラス。

優雅で華やかな「戦後の洋館」。
人気のブライダルスポットに。

ザ・ガーデンオリエンタル・大阪

THE GARDEN ORIENTAL OSAKA

［旧称］大阪市公館
［所在地］大阪市都島区網島町10-35
［建設年］1959年
［構造・規模］SRC造2階、地下1階
［設計］双星竹腰建築事務所（竹腰建造）

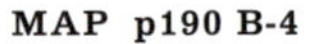

MAP p190 B-4

旧大阪市公館は1959年（昭和34）に大阪市の迎賓館として建設された。2014年から新たにザ・ガーデンオリエンタル・大阪として生まれ変わり、レストランや宴会・披露宴会場として活用されている。

晴れの日にふさわしいたたずまいだ。正面は堂々としながらも、人を出迎える個人的な雰囲気を備える。ビルのように真四角ではない。外壁が出たり入ったりして豊かな表情を持っている。バルコニーと手すりが抑揚を加え、クリーム色のタイルも邸宅を連想させる。正面に延びる車寄せがピリッとした気分を与える。迎賓館はこうでなくてはいけない。私的な人間関係を育む、公的な施設なのだから。

これは大阪にはあまりない種類の建築と言える。1929年（昭和4）に完成した旧総理大臣官邸や各国の大使館といった迎賓施設は、首都である東京に集中している。こうした建築の系譜は、明治以降に建てられた皇族や華族の洋館にまでさかのぼることができる。中には現在、ブライダル施設として活用されているものも少なくない。公的な性格と私的な親しみを併せ持った瀟洒な建物は、セレモニー向きなのだ。

この建物は華族制度も廃止され、決まり切った形を打ち破っていくモダンデザインが常識となった戦後の産物だ。それでも洋館ウエディングが似合う風情は裏手からも感じとれる。正面とは違うおおらかな外観に、横に延びるバルコニーが広い芝生の庭と調和している。向き合う面や部屋の性格に合わせ、ふさわしい「顔」をデザインする工夫が、戦前の洋館と共通するのだ。

階段の晴れがましさも同じだ。特別にデザインされた照明器具が下がり、それを取り巻く階段の手摺りが優雅な

右：左右非対称にバランスよくまとめられた正面外観。車寄せがクラシカルなニュアンスを添える。
左：建物の裏手に芝生が広がり、その向こうに大川が流れる。

カーブを描く。ただし、照明器具の最上部に控えめに付けられた白鳥のレリーフ以外には、彫刻のような装飾はない。工芸的でありながら、質の高い工業製品でもてなされている感覚だ。戦前の洋館とはまったく違う。

戦前からの勘所を押さえながら、戦後にふさわしい迎賓館を仕立てたのは建築家の竹腰健造。1933年（昭和8）に共に三井住友銀行大阪本店ビルに携わった長谷部鋭吉と長谷部竹腰建築事務所を創業して、大阪証券取引所ビルや日本生命保険相互会社本館を完成させ、現在の日建設計の前身である日本建設産業株式会社の初代社長を務めた。世界からの賓客をもてなし、独自の存在感を発揮しようという当時の大阪市の意気込みに設計で応えているのも納得だ。

第二次世界大戦を挟んで日本では、社会に求められる建築の種類が変わった。ふさわしいとされるデザインも変容した。建築家の顔ぶれも大きく入れ替わった。それでも、戦前と戦後は単純に分断されてはいない。ともすれば時代に位置づけにくい「戦後の洋館」は今、その姿に似合った愛され方で、そのことを教えてくれる。倉

右上：敷地内にあるレストランは誰でも利用できる。
右下：庭園内の茶室も伝統を踏まえながら明るくて、伸びやか。近代的なもてなしの空間だ。

玄関からテラスまでを結ぶ階段は、手すりにも照明にも装飾がほとんどない。豪華な素材を使っているわけでもない。けれど、手摺りの曲線などが細やかに設計されている。つくり込まれている。だから、くつろがせる。

モータリゼーションが生んだ小建築。
大阪の繁華街で現役。

相互タクシーのりば

Sogotaxi Stand

［所在地］北新地：大阪市北区堂島1-40-30　南：大阪市中央区道頓堀2-2-22
［建設年］北新地：昭和30年代　南：1953年
［構造・規模］RC造
［設計］不詳

北新地 MAP p191 B-2
南 MAP p192 A-1

建築はいつの時代も社会を反映する。例えば近年減少の一途を辿っているガソリンスタンドは、誰もがマイカーを持てるようになった高度経済成長期に登場した時代の新しい建築だった。建築の革新は、新しい産業や社会構造の変化によってもたらされる。

その当時、村野藤吾ら有名な建築家が、斬新な屋根をもつガソリンスタンドを数多く設計した。国土に張り巡らされていった、高速道路のサービスステーションにも目を引く建築が多かった。モータリゼーションの波は、新しい自動車だけでなく、新しい建築も生みだした。残念ながらそのほとんどはもう存在しないが、その輝きを今に伝える小さな建築が、キタとミナミの繁華街にある。相互タクシーのりばだ。

大阪を代表する繁華街のど真ん中に建つ二つの小さな建築は、道頓堀の「南のりば」が1953年(昭和28)に建てられ、「北新地のりば」は完成年がよくわかっていないが、おそらく昭和30年代に建てられたものだろう。近代建築史家の梅宮弘光氏の研究によれば、もともとはハイヤーを配車するための営業所として建てられたものだという。

相互タクシーを創設した多田清は大変な実行力を持つ独創的なアイデアマンだった。タクシー会社間の競争が激化すると低料金のハイヤー営業に力を入れた。当時、繁華街にはタクシーの進入規制が引かれていたが、エリア内に営業所を構えることで、規制を気にせず進入できる優位性を確保した。

実は営業所のモダンなデザインも、多田社長が自らアイデアを考えたという。かつては京阪神に約60ヶ所の営業所をもち、そのうちかなりの数が鉄筋コンクリートのモダンなデザインだったようだが、現在確認することができるのはこの2件のみだ。

180度の視界を確保する曲面ガラスのカウンターに係員が詰める様子は、まさにコックピットのようで、強く自動車を連想させる。「北新地のりば」の建物は正確な半円ではなく、上から見るとサンダルのように歪んだ楕円になっていて、おそらく自動車の通行する軌跡と、敷地の形状から割り出したものだろう。小さな庇は帽子のツバのようにもみえてかわいらしい。

建築と呼ぶにはあまりにも小さな構造物だが、派手なネオン街の中にあって当時の空気を今なお湛え、街の景色に時代の厚みを与えてくれる存在だ。高

右：北新地のりばは道路が斜めに交差する三角形の敷地に建つ。空豆のような有機的なカーブをもつ平面形。
左：南のりばは敷地の奥に建屋があって目立たないが、山高帽のようなプロポーションが面白い。

これぞまさに大阪のレガシー。
48年の時を経て内部を再公開。

太陽の塔

Tower of the Sun

［所在地］吹田市千里万博公園
［建設年］1970年
［構造・規模］RC造・SRC造・S造
［デザイン・設計］岡本太郎、集団制作建築事務所

MAP p192 II

「太陽の塔は建築なのか？」。特に1970年（昭和45）の大阪万博を体験していない世代は、そう思うかもしれない。確かに、太陽の塔は国民的に知られた芸術家・岡本太郎の作品、それも高さ約70メートルという桁違いの規模を誇る彼の代表作である。しかし同時に太陽の塔は、大阪万博の中核施設であるテーマ館の一部として構想された、内部に展示空間をもつパビリオンだった。

現在も太陽の塔の背面には広々とした「お祭り広場」があるが、これは当時の広場の半分でしかなく、塔のまわりも一面の広場だった。そして上空30メートルの高さには建築家・丹下健三の設計によって、長さ292メートル、幅108メートルの巨大な大屋根が架けられていた。太陽の塔はその大屋根を突き抜けるように配され、エリア全体がテーマ館を構成していた。

右：誰もが知っている、大阪のアイコンとなった太陽の塔の正面。
左：背面の見上げ。信楽焼のタイルで表現された、過去を表す「黒い太陽」。

来館者は地下から太陽の塔へと入る。内部は生物の体内のように赤い襞で覆われ、その中央には上空に向かって高く伸びる高さ約41メートルの「生命の樹」。幹や枝には下から上に向かって、生命の進化の過程が模型によって表現されている。来館者はエスカレーターで上昇しながら進化を辿り、最後は右腕の先から外へ出て、大屋根の空中展示へと移るルートになっていた。

大阪万博終了後に内部の展示空間は閉鎖され、各国のパビリオンは解体された。大屋根も1978年(昭和53)に撤去され(一部がお祭り広場に存置されている)、大阪万博のもう一つの塔であった、建築家・菊竹清訓の設計によるエキスポタワーも、老朽化のため2003年に姿を消した。当時の面影を残す建造物は、太陽の塔と大阪日本民芸館、EXPO'70パビリオン(旧鉄鋼館・P126)くらいである。そして残された太陽の塔は大阪万博のテーマ館の一部に留まらず、今や大阪城や通天閣と並ぶ、「大阪」を代表する存在となった。

長らく閉鎖され、まさに巨大彫刻と化していた太陽の塔だが、このたび耐震補強工事が施され、劣化していた内部展示も一部が復元された。工事開始前に募集された内部の特別公開には、定員500名のところ何と8万人もの応募があって大きな話題となった。また太陽の塔を世界遺産に、との声も聞こえる。2018年3月に工事が完了し、再び内部空間が一般公開されたが、入館予約が取りにくい状況だという。

大阪万博からほぼ半世紀、タイムカプセルのようにずっと保存されてきた岡本太郎の思いが再び解き放たれた時、カッと見開かれたあの彼の目に、今の大阪はどのように映るだろう。高

半世紀を経てすっかり緑の森となった万博記念公園から、二つの顔をのぞかせる太陽の塔。

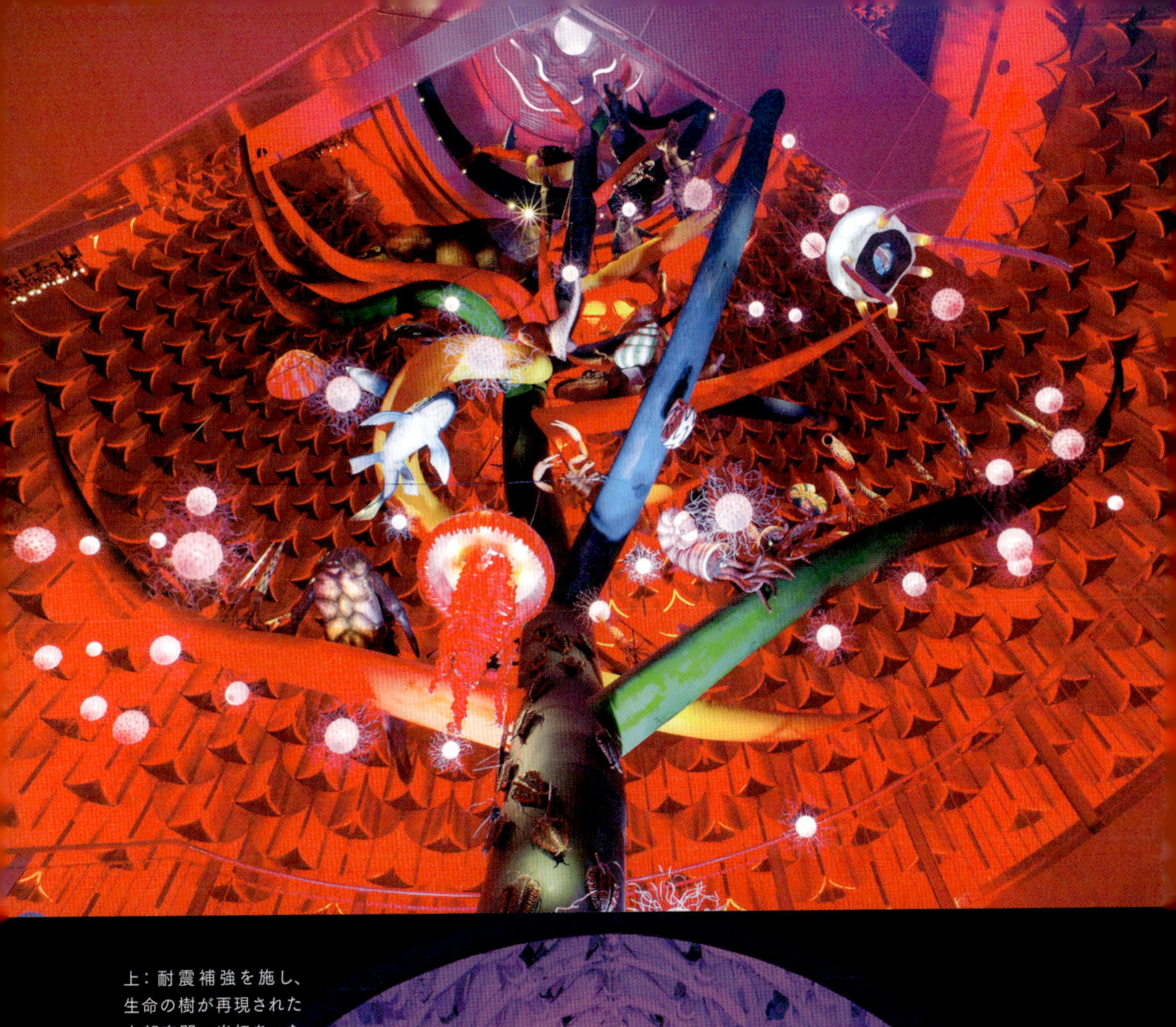

上：耐震補強を施し、生命の樹が再現された内部空間。当初あったエスカレーターは荷重軽減のため撤去された。
下：腕の鉄骨構造がライトアップされ、内部から見学することができる。
写真提供／大阪府日本万国博覧会記念公園事務所

EXPO'70パビリオン

EXPO'70 Pavilion

大阪万博の輝きを伝える
戦後建築の巨匠によるパビリオン。

［旧称］鉄鋼館
［所在地］吹田市千里万博公園
［建設年］1970年
［構造・規模］RC造・SRC造2階
［設計］前川國男建築設計事務所

MAP p192 Ⅱ

アジア初の国際博覧会として1970年(昭和45)に大阪で開催された日本万国博覧会(大阪万博)。半年間の会期中に約6421万人が来場し、この記録は2010年の上海万博まで破られることがなかった。豊富な展示資料で当時の様子を再現しているのが、万博記念公園内にある「EXPO'70パビリオン」。テーマ館の太陽の塔とともに、同じ場所に残る数少ない出展施設だ。

これを建築として体験すれば、1970年という時代にさらに近づける。会期中の名称は「鉄鋼館」。正面から見ると、むき出しのH形鋼の柱が太い梁を支持している。建物の内外をガラスで軽快に仕切るだけで済むのも、その強さがあってのこと。鉄鋼業界の全国組織である日本鉄鋼連盟が出展したパビリオンらしく、初めに目に飛び込んでくるのは鉄の存在感だ。

けれど、足を進めるにつれて、鉄があまり目立たなくなってくる。パビリオンは「スペースシアター」と呼ばれた世界初立体音楽堂の円形劇場である。ホールを構成するのは打ち放しコンクリートで、その荒々しい表情が印象的だ。

設計したのは建築家の前川國男。2016年に東京・上野の国立西洋美術館を含むル・コルビュジエの世界各地の設計作品が、一括して世界文化遺産に登録された。前川は戦前にパリに留学し、この20世紀を代表する建築家から直接に学んだ。1930年(昭和5)に帰国し、戦後に設計活動を本格化させた。東京文化会館(1961年)や熊本県立美術館(1977年)など公共建築を中心に数多くの作品を設計し、戦後を代表する建築家の一人である。

関西にあってオリジナルの状態をとどめている前川の作品は、今や鉄鋼館のみである。

右:高さ約17メートル、一辺が約40メートルの「スペース・シアター」と呼ばれるホールと、「ホワイエ」と呼ばれる部分からなる。
左:ホールは外部と遮断された空間。二重の鉄筋コンクリートの壁で囲まれている。天井や壁、床下に1008個のスピーカーが配置され、全体が巨大な楽器に例えられた。ガラス越しに眺められる部屋には、前川國男の言葉も展示されている。

先ほど触れた素材感のある打ち放しコンクリートや大きめの床タイルは、他の前川作品にもよく出現する。大阪万博の遺産であるだけでなく、関西で巨匠の作風に触れられる貴重な作品だ。

合理精神に基づき、工業製品を建築に取り入れたのが前川だった。一方で、手仕事の味わいを残した材料を好んだ。重要なのは装飾ではなくて空間と考えたが、その空間とは機能を満たすだけでなく、変わらず、人間のよりどころになるようなものだった。鉄鋼館はしっかりとした素材で、確固とした空間を組み立てている。前川の作風をよく示している。打ち放しコンクリートが前面に出ているのも前川らしい。

ところで、これは「鉄鋼」館にふさわしいのだろうか？ ふさわしいと思う。軽薄短小ではなく、社会的使命を引き

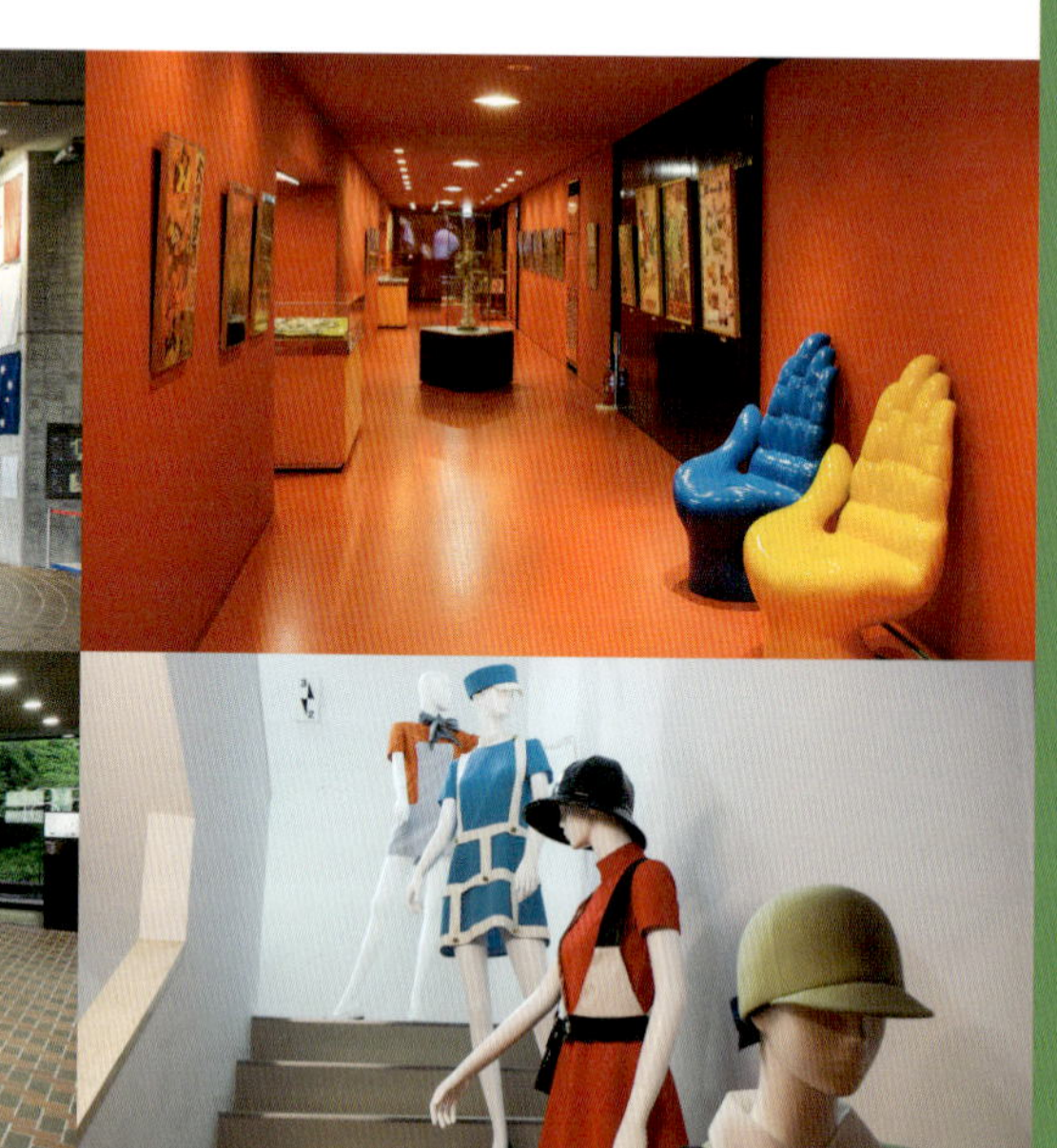

受けた、重厚長大とも言える前川らしい存在感が、そう感じさせるのだろう。

高度成長期らしい社会的責任感において重なる前川の作風と鉄鋼館。しかし、そこで話は終わらない。スペースシアターは作曲家の武満徹が唱えた「音楽の空間化」のためのホールとして計画された。

内部で繰り広げられたのは、電子音楽やレーザー光線を駆使した前衛的な試みだ。重厚な鉄鋼館が、軽やかな目的に捧げられていた。重厚長大な組み立てが、未来への夢を支えていた。今では違う世界に存在するようなものが同じ場で交わる、大阪万博がそんな1回限りの輝きであることがよくわかる。倉

上左：ホワイエは開放的なガラス張りだ。万博会期中は楽器彫刻の展示に使われた。
上右・下：館内では、大阪万博に関するさまざまな展示を見ることができる

なぜ 大阪万博は語り継がれるのか？

文／大迫 力（140B・編集者）

太陽の塔（P122）は知っているけれど、実は大阪万博についてはよく知らないという世代も増えつつあります。「史上最大のイベント」といえども半世紀近くも前のこと。大阪の街や建築にも影響を与えた「EXPO'70」とは、どのようなものだったのでしょうか。

正式名称「日本万国博覧会」は、1970年（昭和45）3月15日から9月13日までを会期として行われました。海外から外国政府76、国際機構4、政庁1、州政府6、都市3の参加を数える「万国博」の名にふさわしい国際色豊かなイベントで、来場者数はなんと6,241万8,770人！　単純計算すれば日本人の2人に1人が訪れたことになります。

その会場の光景はまさに、テーマとして掲げられた「人類の進歩と調和」そのものでした。太陽の塔を含む「テーマ館」や「お祭り広場」のあるシンボルゾーンを中心とし、そこから「動く歩道」が四方へ延びて、個性的なパビリオンへと人々を導きます。

月の石で話題をさらったアメリカ館を筆頭に、各国の展示館はそれぞれにお国柄をアピール。企業館では、巨大映像ありロボットあり自動制御の車ありと、最先端技術を競い合っていました。建設にあたっても当時の最新技術がこぞって導入されたと言います。

ここまでは大阪万博を知らない世代でもイメージしやすいところでしょう。しかし、大阪万博のインパクトはそれに留まりませんでした。その一つが、会場運営やサービスにおいて、現代を先取りするような情報システムを取り入れていたことです。会場内の33ヶ所にテレビ電話を設置し、迷子や問い合わせ対応などに活用。関係者はポケットベルを携帯して連絡を取り合っていました。

さらに行事の案内や入退場および混雑時の誘導、駐車場の状況など、すべての情報を日本万国博覧会協会が一元化して把握し、必要な情報を各所の案内板に提供できるシステムが整えられていました。統一されたサインによる誘導システムを本格的に採用していたことも、当時としては画期的な試みでした。

本書の監修者であり、少年時代に何度も会場に足を運んだ橋爪紳也氏は、「大阪万博の会場そのものが、高度に情報化され、かつ全体を制御された今日の都市システムのモデルとなっていた」と述べています（『EXPO'70パビリオン 大阪万博公式メモリアルガイド』より）。前衛的なデザインのパビリオンなどハード面ばかりが注目されますが、こうした通信技術や運営システムなどのソフト面もまた、訪れた人に「進歩」や「未来」を強く印象づけたことでしょう。

よく「万博以前」「万博以後」という言い方がなされますが、大阪万博を体験したことのある世代が当時の記憶を熱く語るのは、写真や書物ではさかのぼれない、「未来都市」に身を置いたという感覚があるからではないでしょうか。

参考文献 『EXPO'70 パビリオン 大阪万博公式メモリアルガイド』（平凡社・2010 年）

大阪万博から連なる、
未来の新都市風景のイメージ。

北大阪急行千里中央駅周辺

Kita-Osaka Kyuko Line
Senri-Chuo station

千里中央駅のつくりは珍しい。吹き抜けの上部に店舗が並び、駅を使わなくても利用ができる。セルシーはテラス・広場・エレベーターと、人の動きが造形のテーマになっているようだ。千里阪急の外観で特徴的なのは三角形の繰り返しだが、見ると左右両側の線が太くなっている。これは2008年の耐震改修によるもので、デザインが上手に受け継がれている。

MAP p192 Ⅱ

1970年（昭和45）の大阪万博で示された未来への夢は、今の大阪の風景も育んだのではないだろうか。最も影響が濃いのが千里中央駅とその周辺である。

北大阪急行電鉄南北線の千里中央駅は、昭和初めに開業した地下鉄御堂筋線梅田駅や心斎橋駅にも負けない大きな吹き抜けの空間。大大阪時代と万博という大阪の黄金期がこだまする。

ただし、こちらは旧来の都市を離れたニュータウンの中心地。デザインは直線的で、素材もメカニックだ。蛍光灯を斜めに配置して、空間の広がりを強調。その光は工業製品を丁寧に貼り分けた天井や柱に反射する。構内のショップが充実しているのも特徴で、通り過ぎるだけの空間ではないところが楽しい。これまでの地下鉄駅とは違った発想で、新しい人の流れに対応した新しい形を生み出そう。そんな意気込みが伝わってくる。

現在の千里中央駅が開業したのは1970年9月14日。万博閉幕の翌日である。未来への入口だったこの地は、千里ニュータウンという生活の核として開発されていった。そんな移行に大きな役割を果たした千里阪急のオープンは、万博開幕3日前の1970年3月11日。構造システムによって建ち上がったかのような三角形を組み合わせた外観で、市内の百貨店とまったく異なるところが千里中央らしい。

1972年（昭和47）には隣地にセルシーが開業した。大阪万博の年は「ショッピングセンター元年」と呼ばれた。ショッピングセンターの数は1970年前後に急増し、今のように一般化する上での起点となった。先端的な大型店である中百舌鳥ショッパーズプラザ（1970年）やくずはモール街（1972年）など、関西圏が発展の役割を果たしたことも特筆すべきだろう。

セルシーはさらに挑戦的だった。千里の「SE」とレジャーセンターの頭文字「LC」をとって「SELCY」。その名前の通りに162レーンのボウリング場、屋内外のプール、スカッシュコート、世界のレストランやショップなどを取り揃え、家族が1日楽しめる回遊型のレジャー施設として誕生した。

大阪万博の「お祭り広場」がなかったら生まれなかっただろうイベント空間「セルシー広場」を中心に設計されている。エレベーターとテラスが強調されたデザインはクールでありながら無機質でないのが、この当時らしい。単にレトロなのではない。商品を購入するだけではないショッピングモールが求められている今、この開放感が新鮮だ。

大阪万博の夢は、すぐに体感したい。千里阪急とセルシーを取り壊し、新たな商業施設に再開発することが2018年3月に発表されたからだ。南北線の箕面萱野駅までの延伸に伴い、千里中央駅は2020年に途中駅に変わる。㊟倉

中も外も変わり続ける、
変化に富んだ人類の博物館。

国立民族学博物館
National Museum of Ethnology

［所在地］吹田市千里万博公園10-1
［建設年］1977年
［構造・規模］S造・SRC造4階
［設計］黒川紀章建築都市設計事務所

MAP p192 II

1977年(昭和52)に万博記念公園内に開館した国立民族学博物館は「生きている博物館」と言える。「世界の国からこんにちは」。1970年(昭和45)の大阪万博のテーマソングが、聞こえてくるようだ。

同館は博物館機能を持ち、大学共同利用機関としての役割を担い、大学院教育を行う文化人類学と民族学の研究所と定義されている。要するに、社会から離れて、過去からの文化財を変わらずに収める博物館ではないのだ。展示されているのは、原則として学術資料でもある。研究の進展につれて生き物のように入れ替わっていく。館内をさまよって思わぬものに出合う。さまざまな生き方が世界にはあることを知る。そんな知性の公園としての楽しさがある。

研究所であり、収蔵庫も多く必要、しかも展示物が増え続けるとなると、建築にも特別な配慮が必要だ。設計者に指名された黒川紀章(きしょう)は、持論である「メタボリズム」という建築思想で、これに応えた。

建物の最大の特徴は1辺40メートルの正方形を平面単位とした構成だ。外壁には基本的に窓がない。ロの字形の真ん中に中庭を設けて、そこから光を採り入れるようになっている。上に突き出した円筒形の中に、上下階をつなぐ階段やエレベーターが収まる。この構成によって、自在に巡り回れる広い展示場を実現させた。それが研究所などの機能と共存している。平面単位を統一したのは、増殖を視野に入れたからでもある。将来的には、まだ建っていない場所に同じ単位を繰り返して増築する。そうすれば、変化に対応しながらも、デザインや機能の統一性は失われない。

黒川は1934年(昭和9)に名古屋市に生まれた。1957年(昭和32)に京都大学を卒業した後、東京大学大学院の丹下健三研究室で学び、若

右：1階は正面ホール以外の大部分が収蔵庫。2階は主に展示場、3・4階には情報研究機能が収まっている。
銀色の円筒形は、異なる機能を上下につなげるという役割を、分かりやすく表現している。
左：中庭は粟津潔と黒川紀章の構想に基づいてつくられ、「未来の遺跡」と題されている。

くして有名になった。彼がとりわけ得意としたのは、建築の原理を分かりやすく形にすることだった。その性格は国立民族学博物館にも現れている。壁の色は日本の伝統に通じると黒川が主張した「利休ねずみ色」。銀色に輝く未来らしさの円筒形と好対照をなしている。色の違いが、建物に一貫した原理をはっきりさせる。加えて、伝統と未来の象徴を共存させることで、単純な野蛮から文化へという進歩史観とは異なった思想の博物館であるという用途を形で表している。

「メタボリズム」とは、将来的に更新される部分をあらかじめ想定することで、建築を変化する時代に取り残されないものにしようという考え方である。この言葉は本来、英語で「新陳代謝」を意味する。生物になぞらえた建築の新たな原理として、1960年(昭和35)、日本で開かれた世界デザイン会議の際に黒川らによって打ち出された。実作としては黒川による東京の中銀カプセルタワービル(1972年)が有名だ。ただし、交換できる単位として想定された住居カプセルは、今まで一度も更新されていない。

写真提供/国立民族学博物館

しかし、国立民族学博物館は違う。実際に時と共に姿を変えているのだ。正面左手の特別展示館(1989年)、裏手の第8展示棟(1983年)、第7展示棟(1996年)の増築など、時代に対応しながら増殖している。

民族学博物館の建設は戦前からの関係者の悲願だった。それが首都ではなく、大阪で実現した。きっかけは芸術家の岡本太郎。彼がチーフプロデューサーに就任した大阪万博テーマ館の展示において、世界各地の民俗資料を収集し、用いたことだった。国立民族学博物館は今日も太陽の塔(P122)とともに、世界文化と未来への志向、そして生命の賛歌を歌っている。(倉)

2階展示場の手前にある「ビデオテーク」は、当時最新のシステム。来場者が世界の諸民族の映像番組や民族音楽・言語などを紹介する音響番組を選択し、視聴できるというもので、松下電器産業（現パナソニック）が技術開発。カプセルのようなデザインは黒川紀章の好みである。

戦後の成長が生んだ「新しさ」。そのピークとしての大阪万博。

戦争によって焼け野原になった大阪に、新しい時代のビルが建てられていきます。意外に個性派が多い戦後建築を生んだ背景とは？そして、高度成長の集大成とも言うべき大阪万博が与えたインパクトとはどのようなものだったのでしょうか。

高岡　「大大阪」と呼ばれた戦前の大阪が元気だったからといって、みんながみんな近代的なビルだったわけではありません。むしろ市内の建物の多くは木造の町家や長屋で、ほとんど空襲で焼けてしまいます。それらが終戦後に建て直されることになるのですが、復興につれてビルを建てることのハードルがだいぶ下がってきて、小さな会社でも自社ビルを建てられるようになっていく。中小企業の社長がいわば「オレのビル」を建てるので、意外にこの時代の建築は面白いんです。

例えば中之島のリバーサイドビルディング（P108）は一見普通のテナントビルですが、細かい部分で特徴的な素材を使っています。その一方で、高度経済成長期の好況を反映して、住友ビルディング（P104）やOMM（P110）など「マンモス」サイズのビルもたくさん生まれています。

倉方　現在のように豊富な建材や技術はないし、当時、建てるのはそれなりに大変だったんでしょうけれど、今見ると清々しいのは、大も小も「新しいもの」を目指しているからでしょうね。戦前の建築は、なんだかんだ言っても、過去のヨーロッパの立派な建築をお手本にしていました。それが戦後になると、とにかく今までにないことをやりたいという思いが、有名建築家のものでも、街の設計者の作品でも表現されています。

高岡　何かを目指すのではなく、それぞれが自分の目標設定をしているという感じでしょうね。

倉方　そうそう。定型の「立派さ」というものはヒエラルキーがある。でも、「新しさ」だったら横一線。それまでのルールに縛られないデザイン当時の世界的潮流ですが、特に日本は敗戦を経て新しい時代、前提条件が変化した社会で復興するという気概が街場のビルにも現れていて、グッときます。今日より明日、今年より来年、もっと豊かになると信じられた高度成長期らしいです。

高岡　とはいえ、きちんと見通せていたわけではないでしょうね。「きっと、大丈夫！」という（笑）。

倉方　その楽天感が決定的ですよね。「とりあえず5階つくっとこう」みたいな（笑）。今だったら「これ使えるかな？」「テナント埋まるかな？」って不安になるでしょう。計算がデザインに影を落としていないのが、清々しい。

髙岡　住友ビルディングの場合、そういう成長への思いが上に伸びずに、横に膨らんでいるわけですよね。この時代は建物の高さが**絶対高さ31メートル**によって制限されていたこともあり、1階分の床面積を広げることで解消しようとしました。

大阪万博のインパクト。

髙岡　さて、戦後の大阪を考える上で、大阪万博（P129）が一つのエポックになることは間違いありません。1970年（昭和45）に開催され、吹田市の会場にはパビリオンというユニークな建築がずらりと建てられました。たくさんの人が訪れ、大阪の建築にも大きな影響を与えたのですが、面白いパビリオンの設計者はほとんどが東京の建築家です。万博のマスタープランをつくったのも東京大学の**丹下健三**で、残念ながら大阪の建築家が活躍したわけではありません。大阪の建築家たちは忸怩たる思いはあったでしょうね。

倉方　大阪万博は、いわば「計算された未来」の一大イベントでしょう。1965年に開催が決定し、都市計画も含めて、国家的なレベルで準備が始まりました。敷地をデザインし、鉄道を計画し、高速道路を大きな力で整備し、新しいインフラをつくっていった。大阪の都市に与えた影響は大きいですよね。

髙岡　**船場センタービル**は万博開催にあわせて建設されたものですし、**千里ニュータウン**の開発や千里中央駅（P130）もそうです。会場の中よりも、万博を開催するための「受け皿」という視点で見ると、街や建築への還元は少なからずあると思います。世界初のカプセルホテルであるカプセルイン大阪が生まれたのも、万博で**黒川紀章**が設計したパビリオンがきっかけでした。

倉方　ただ、大阪にとってこの万博はアンビバレントなところがある。今、思うと、東京で1940年（昭和15）に開催予定でありながら実現しなかったアジア初の万博が、大阪の頑張りによって関西で現実のものとなったことに隔世の感があります。オリンピック（1964年）が東京だったから万博は関西、関西といえば大阪。それで当時は違和感なかったんでしょうね。歴史に刻まれるビッグイベントは、大阪が東京と並び立ち、日本の東西の両雄だった時代をも記念しています。

髙岡　確かにこれ以降は、急速に東京一極集中が進んで

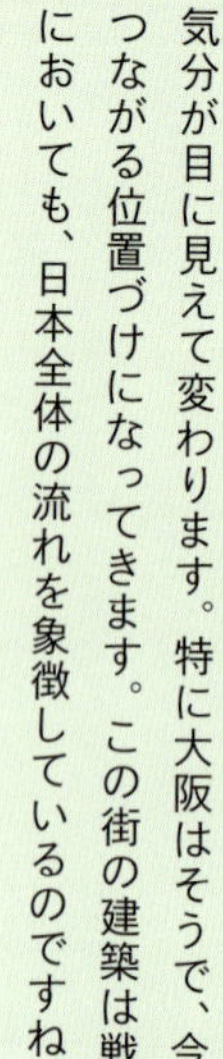

いきますからね。

倉方　「未来」が計画されてつくられたこと自体、何も考えなくてもいい未来が終わったということでもありますから。ちょうど万博が終わった頃、日本全体の社会の気分が目に見えて変わります。特に大阪はそうで、今につながる位置づけになってきます。この街の建築は戦後においても、日本全体の流れを象徴しているのですね。

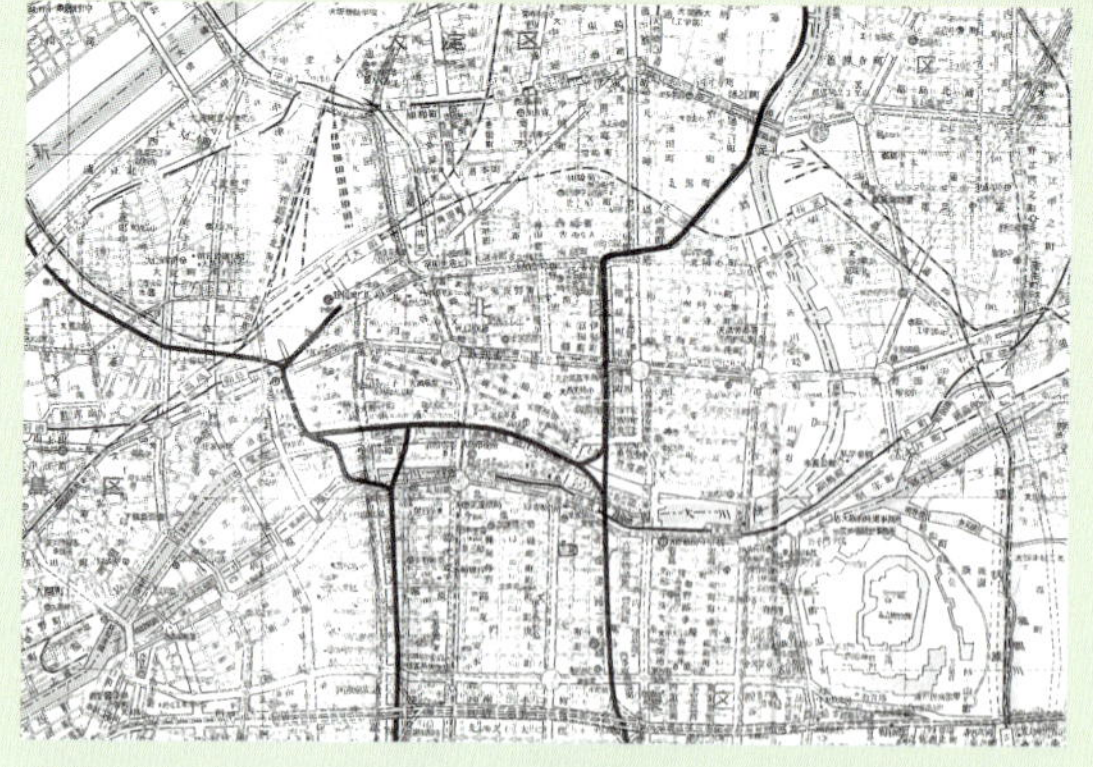

昭和30年代後半に発行された「大阪市詳図」には、阪神高速道路の計画現況が記されている。太いラインが高速道路。市内に残っていた堀川が埋め立てられ、その上に高速道路が走ったことで、大阪の風景は一変した。

絶対高さ31メートル

1919年の市街地建築物法で建物の高さを百尺に制限していたものを、戦後の建築基準法も31メートルの絶対高さとして継承した。

丹下健三

1913〜2005　近現代の日本を代表する建築家。代表作に国立代々木競技場（1964年）や東京都庁舎（1991年）がある。

船場センタービル

地権者の入居するビルを建設し、その上に高架道路を載せることで用地買収の困難を解決した。

千里ニュータウン

1962年にまちびらき。万博会場と同じ千里丘陵を切り開いた、日本を代表する巨大ニュータウン開発。

黒川紀章

1934〜2007　日本を代表する現代建築家の一人。大阪では国立民族学博物館（P132）や大阪府立国際会議場（P156）を手がけた。

第Ⅳ章 現代建築の展開

1987年　都住創スパイヤー
1991年　ピースおおさか
1993年　NEXT21
1994年　日本橋の家
1997年　一心寺（山門）
　　　　大阪府立国際会議場
1999年　大阪市水上消防署
2000年　ジーシー大阪支店
2006年　大阪弁護士会館
2010年　大阪富国生命ビル
2011年　大阪ステーションシティ
2013年　日本圧着端子製造株式会社
2014年　あべのハルカス
2021年度　大阪新美術館（仮称）

「都市に住もう」と呼びかけた、
新しい町家ムーブメント。

都住創スパイヤー

Tojuso Spyer

［所在地］大阪市中央区釣鐘町2-1-7
［建設年］1987年
［構造・規模］SRC造11階、地下2階
［設計］ヘキサ（中筋修、安原秀）

MAP p190 B-3

新聞連載時のタイトルであった「都市を生きる建築」という名にこれほどふさわしい建物はないかもしれない。

「都市に住もう」と呼びかけたのは、1987年(昭和62)に大阪市中央区に完成した都住創スパイヤーの設計者の一人、中筋修だ。しかし、中筋はすぐにこれは「実は奇妙な呼びかけ」だと続け、「都市というものは本来そこに人が住み、働き、かつ遊ぶ所であったのだから」と記している。

ビルが完成した当時の大阪市中央区の人口は約6万人。1960年頃は13万人だったから、最盛期に比べて住民が半数以下に減ったことになる。その後、1990年代半ばに5万人強まで減少。現在は約9万5000人に回復している。

このような劇的な変化は、高度成長期を通じた都市の変貌の象徴だ。かつてのように商売を営む町屋の上階で家族が暮らす光景が少なくなり、働く場所と住む場所が分かれていった。都心はオフィスビルが建設され、郊外には団地や分譲住宅が立ち並ぶようになった。

生き生きとした暮らしの場としての都市というイメージが最も薄まった1970~80年代に、「都住創」は敢然と「都市に住もう」と主張した。名称は「都市住宅を自分達の手で創る会」の略。「自分達の手で」、すなわち複数の人間が集まり、それぞれの自分らしさを実現させる共同住宅をつくるところに大きな特徴がある。

具体的には、通常の集合住宅のように設計ができあがってから分譲するのではなく、そこに住みたいと思う人間が共同で土地を購入。資金分担に応じて、それぞれが何階のどこにどのような住まいをつくるかを話し合いながら決め、完成後の建物の維持管理も自分たちで行う。コーポラティブ方式と呼ばれるやり方だ。1968年(昭和43)に東京に完成した「コーポラティブハウス千駄ヶ谷」が、国内初の同方式の住宅と言われる。

中筋らが事務局となって呼びかけと取りまとめを担い、設計者として具体的なデザインに落とし込んだ。その第1号が1977年(昭和52)に完成した都住創松屋町住宅。タレントの上岡龍太郎をはじめ、さまざまな職業の人々が入居し、当時の新聞の社会面で報じられるなどして反響を呼び、続く設計につながっていった。

都住創の大阪らしさは人間くさい関係性、そして谷町を

右：都住創スパイヤーは、都住創によるコーポラティブ住宅の第 13 号として 1987 年（昭和 62）に完成した。写真の左手が第 10 号となる都住創釣鐘町の壁面。

中心とした狭いエリアへの集中にある。第13号となる都住創スパイヤーは、狭い路地の奥に地上11階、地下2階の建物が建ち、住宅5戸と事務所5戸が入る。1984年(昭和59)に完成した第10号の都住創釣鐘町に隣接し、住民が時に一緒に遊ぶようなコミュニティを育んだ。

1988年(昭和63)、スパイヤーまでの13作品を併せた「一連のコーポラティブ住宅」で、都住創の中筋・安原秀・小島孜は名誉ある建築賞、日本建築学会賞(作品)を受けた。13作品はどれも大阪の中心部に位置し、立地は直径4キロの円内にすべて収まる。階数は6階から11階の間で、敷地面積は広いものでも100坪(330㎡)程度。都住創はその名称に掲げた新しい「都市住宅」を、かつての一戸建ての敷地規模に建つ中高層の共同住宅という形式によって打ち出し、社会に広めた。

見た目としては、この都住創釣鐘町から都住創スパイヤーのあたりが最も複雑だ。従来からの立体構成に加えて、家型のデザインや多様な素材が用いられ、各戸の独立性と垂直性が外観に強く感じられる。設計して楽しい、住んで楽しい。都市の中に自分たちの領域を確保する喜びを高らかに歌いあげているようで、微笑ましい。

比較的安価な土地を都心部に求め、かつての町屋のような住まいを中高層に拡張する。そんな手法で都住創は全国の注目を集めたが、都住創スパイヤーが完成した頃の地価高騰などの影響で、手法自体は見直しを余儀なくされた。今、都心での居住と新しい働き方が注目されている。この大阪発のムーブメントに再び光を当て、進化させる時が来たのではないだろうか。(倉)

地下のオフィスの室内。階段のあるドライエリアによって採光が確保されると共に、各戸が複雑に組み合わさることで、吹き抜けのある豊かな空間が生まれている。

都市生活に対する実験を
繰り返しながら成長する住宅。

NEXT 21

NEXT 21

［所在地］大阪市天王寺区清水谷町6-16
［建設年］1993年
［構造・規模］SRC造・PC＋RC造6階、地下1階
［設計］大阪ガス NEXT21 建設委員会

MAP p190 C-4

NEXT21は大阪の都心部に位置する地下1階、地上6階建ての鉄筋コンクリート造18戸の集合住宅だ。大阪ガスの実験住宅として、1993年(平成5)に建設された。

建物には「スケルトン・インフィル方式」が全面的に採用されている。「スケルトン」(骨組み)は建築の専門用語で言うと、構造躯体とのこと。柱や梁など建物を支えている要素を指す。「インフィル」(充填材)はそれ以外の部分。間仕切り壁や内装、ガス管や水道管といった設備などがこれに入る。この2つをきっぱりと分けてつくろうというのが同方式だ。

インフィルは時代に翻弄されやすい。10年もたてば、より優れた性能を持った建材や設備類が開発されるかもしれない。老朽化したら交換できたり、生活スタイルの変化に対応できたりしないと「古い」として見向きもされなくなりそうだ。

NEXT21は骨組みを100年はもつように設計している。他の部分はそれと分けて、交換できるようになっている。住宅地の中でひときわ目を引く外観は、ジャングルジムのような規則的なスケルトンと、そこに自由に入るインフィルという思想を反映したものだ。これによって、短期間の取り壊しを避けながら、住まいとしての性能を高め続けることができる。どちらも地球環境時代に求められる性格である。

名前の通りに21世紀の未来を目指した、万博のパビリオンのような建築だ。しかも、つくって終わりの「実験」ではない。今も成長していることがより新しい。

各住宅にはそれぞれ希望する同社の社員家族が居住者として暮らし、約5年間を1フェーズとして、間取りを変えた住まい方や最新のエネルギーシステムなど、さまざまな試みが行われている。住民や外部有識者からの提案を柔軟に試す場になっている。

建設からの二十数年間で敷地内の木々は育ち、屋上の緑に渡り鳥が観察され、周辺住民との関係も形成された。スケルトン・インフィル方式という先進的な技術に血が通い、これからの都市の生活への指針が得られ続けている。

人のことも、街のことも、技術のことも、分かったようなつもりにならずに実験してみる。そんな少年少女のような科学思想で都市を生きているNEXT21は、今もつくられている最中であるかのようだ。みずみずしい。(倉)

左：変貌する「インフィル」では実験的な住まい方も試みられている。ここでは個室群が縁側を介して外部に面し、その奥に団欒スペースが広がるという構成になっている。

ピースおおさか

（大阪国際平和センター）

Osaka International Peace Center

モニュメントに終わらない
「平和」のミュージアム。

［所在地］大阪市中央区大阪城2-1
［建設年］1991年
［構造・規模］RC造・S造3階、地下1階
［設計］シーラカンス、大阪市都市整備局営繕部

MAP p190 C-4

大阪城公園内に1991年（平成3）に開館したピースおおさか（大阪国際平和センター）は2015年、「大阪空襲を語り継ぐ平和ミュージアム」として展示リニューアルされた。重いテーマのようだが、ぜひ足を運んでほしい。決して陰鬱な気分だけに塗り込められることはないだろう。この明るさの背景には、展示デザインもさることながら、当初からの建築の思想がある。

この施設はつくられ方も新鮮だったのである。大阪府と大阪市の共同出資で設立された公益財団法人の施設だが、設計者を誰にするかを決めるにあたっては国際公開設計競技が実施された。

広く世界中からいい設計を募り、提出数253案の中から、当時30歳前後だった設計者からなるグループ「シーラカンス」の案が選ばれた。まだ実務経験の浅い若者たちを大阪市都市整備局営繕部（当時）がサポートして、斬新なアイデアに基づいた建物が実現した。

訪れた人は、建物の中や外でさまざまな動きをとることができる。中央大通と大阪城公園との間には魅力的な通り抜けの道が設けられていて、中庭越しに1階から3階までの内部がちらちらと見えてくる。

実際に中に入ると、展示室にガラスブロックが使われていたり、開放的な高い天井だったりと、外の明かりも取り入れられている。バラバラになったような特徴的な屋根は、公園から見た時に圧迫感を和らげているが、内部の変化も生んでいる。細く曲がった階段や屋上のテラスなど、発見的な仕掛けも楽しい。

さまざまな場所が緩やかにつながったようなミュージアムなのだ。「こう見ろ」と押し付けられない空間に心躍り、展示の合間にふと外にあるビルや公園の緑が見えた時、そんなありふれた楽しみも「平和」に支えられていることに気づかされる。

設計者に抜擢されたシーラカンスはこの4年後に完成した千葉市立打瀬（うたせ）小学校によって、建築界の最高の栄誉の一つである日本建築学会賞を受賞。その後、メンバーそれぞれが日本の建築界を担う存在になった。ピースおおさかは二十数年前の大阪府と大阪市に、大阪だけに閉じない世界的な先見の明があったことの証拠だ。未来もそうあってほしい。

メンバーの一人で、2016年に多くの人に惜しまれながらこの世を去った小嶋一浩は、応募案の設計趣旨文に「平和とは、いろいろな諸部分が求心的にならないで離れて自立していることだと解釈できるだろう」と記している。建築の形と思想を説明した言葉は現在も、というより現在だからこそ、重く新鮮に響く。㊟倉

右：設計にあたっては、モニュメントとしての象徴性を避けることが念頭に置かれた。中庭を囲んで、断片的な形が浮遊するようにつながり、空間がつくられている。

間口2.9メートルの空間でせめぎ合う、
冷たい素材と熱いドラマ。

日本橋の家
House Nipponbashi

［所在地］大阪市中央区日本橋2-5-15
［建設年］1994年
［構造・規模］RC造4階
［設計］安藤忠雄建築研究所

MAP P192 A-2

大阪に事務所を構えながら、今や日本のみならず、世界中でビッグプロジェクトを手がける安藤忠雄氏。1994年(平成6)に完成した日本橋の家は18坪に満たない狭い敷地の中で、その真価が発揮された作品だ。

約15メートルの奥行きに対して、間口はたったの2・9メートル。通常の発想であれば、豊かな空間など望めそうもない。しかも、階段をわざと長手方向に置いて、細長さをいっそう強めている。敷地いっぱいに建つ鉄筋コンクリートの箱を、奥へ奥へまっすぐに延びる階段が貫いた構成。大胆で幾何学的な形が、いかにも安藤氏らしい。

4階建のすべての壁が、きめ細やかな打ち放しコンクリートで仕上げられている。現代的であり、日本的な建築家だというイメージを決定づけた手法だ。構造を支える鉄筋コンクリートの壁に何も貼らず、そのままを仕上げとして見せることは以前から行われていた。これに対して、ゴツゴツした荒さを魅力として捉えるのではなく、その表面を丁寧につくり込むことによって、伝統建築の柱や障子に通じるような清潔感と工芸的な性格を素材に与えている。

1階のギャラリースペースは、そんなトレードマークと言える素材に触れられる空間だ。そこから脇の階段で2階から4階の居住部分に上がる。ぎりぎり通れる程の幅だが、意外なことに閉じ込められた感じはしない。3階部分に中庭が取られていて、そこからの光が階段に降り注ぐ仕掛けである。

2階にダイニングルームやキッチン、風呂やトイレが収まっている。3階と4階の寝室など計4部屋は、それぞれ中庭を挟んで独立している。いったん外に出ないと行き来できない。安藤氏の出世作となった鉄筋コンクリート2階建ての住吉の長屋(1976年)と同じような構成だ。ただし、それとは異なり、中庭に可動式の屋根が設けられている。雨の日も安心で、内部のように使うこともできる。

もう一つのダイナミックな空間が、2階から4階までの道路沿いに用意されている。吹き抜けのリビングルームだ。擦りガラスに滲む外光が、上下に長い打ち放しコンクリート壁の表情を変化させる。中庭と同じく、ここでも都市の真ん中で暮らすことと、自然の中で生きている感覚が両立している。

訪問を終えると、こんな小さな住宅の中で、あれほど豊富な経験を得たのかと魔法にかけられた気になる。このように一見、冷たい素材と構成

右：商業施設や住宅が入り混じった繁華街に建つ。2階～4階部分に吹き抜けたリビングルームがあることは、外から想像できない。
左：住宅として使われていた当時、床に木のフローリングが施されていたが、改修工事で撤去し、空間の印象はより鮮明になった。

の中に、熱い空間のドラマを折り込める才能が、設計者を大阪から世界に送り出したのだろう。

日本橋の家は、関西を中心に住宅や商業建築を主に手がけていた安藤氏が、大規模な公共建築である兵庫県立こどもの館（1989年）や大阪府立近つ飛鳥博物館（1994年）などを完成させ始めた時期の設計。世界的建築家を育てた街で、その初期から現在までに思いを馳せることのできる貴重な作品だ。

かつて建築家に惚れ込んで設計を依頼したオーナーは、今は別の場所に住みながら、もっと多くの方に真価を味わってもらおうと、近年、よりオリジナリティを高める形での改修工事を安藤忠雄建築研究所に託した。躍進する建築家は、人を魅了する能力も人一倍なのである。（倉）

左：片側に細い廊下があり、登った先は3階の中庭。そこから外部の階段で4階の個室に入るという構成だ。
右：1階はギャラリースペース。改修工事で奥に2層分の吹き抜けが生まれた。

「世界のアンドウ」と建築家の夢。

文／大迫 力（140B・編集者）

元プロボクサーという異色の経歴、独学で建築を学び東大の教授にまで上りつめたサクセスストーリー。プリツカー賞を受賞し、「世界のアンドウ」と呼ばれる安藤忠雄氏ですが、偉大すぎる業績のせいか、今や大阪と結びつけて語られることはあまりないように思います。

安藤氏は1969年（昭和44）に建築設計活動を始めると、個人住宅を数多く手がけ、有名な「住吉の長屋」で日本建築学会賞を受賞します。1980年代には大阪・心斎橋や神戸・北野を中心に商業施設を相次いで手がけ、寺院・教会・ミュージアムなど、どんどん設計活動の幅を広げていきました。

その後の世界的活躍はご存じの通りですが、東京一極集中が進み、水を開けられる一方だった時期の大阪・関西にあってひたすらプロジェクトをこなし、他の追随を許さない仕事量によってクライアントの信頼を獲得していったキャリアは、やはり「大阪的」と言えるのではないでしょうか。

安藤氏は、これまでにさまざまな提案を大阪に対して行っています。一番有名なのは、大阪市中央公会堂（P22）の「アーバンエッグ」でしょう。このアイデアが発表された1988年（昭和63）頃、中央公会堂は大阪市によって永久保存されることになったものの、老朽化した建物をどのように保存するのかが検討されていました。そこで安藤氏は、「保存でも新築でもない、再生のアイデアをもって参画しようと目論」みます（『建築家 安藤忠雄』より）。

そのアイデアは1・2階の吹き抜けホールに巨大な卵を挿入するという斬新極まりないもの。自立した構造物を内部に造ることで、既存の建物に手を加えず、宿った記憶も消すことなく、新旧の空間の衝突による新たなエネルギーを生み出すことを意図したといいます。誰もが驚く大胆な提案でしたが、構造技術的には可能という検証はできていたそうです。

安藤氏は同時に、「地層空間」と名付けられた、中之島の地中30メートルに文化都市を構築する巨大プロジェクトも提案していました。また、大阪駅前のビル屋上を緑化してデッキで結んだ空中庭園の構想など、大阪駅前についての提案を行ったこともあるそうです。他にも、桜の植樹やビルの壁面緑化などにも尽力してきました。

「非現実的な考えであり、建築家の夢でしかないことは良く分かっていた。だが夢だからこそ、現実の仕事の数十倍のエネルギーをかけて、夢らしく見せたい」（前掲書）

安藤氏は事あるごとに「自分は大阪の人々に育てられた」と語っています。わざわざ実現のあてのない夢を語り続けたのも、自分を育ててくれた大阪への愛であり、恩返しなのでしょう。

参考文献 『建築家 安藤忠雄』（新潮社・2008年）
『月刊島民 中之島』各号（月刊島民プレス）

建築家である住職が挑んだ、
「開かれた寺院」への回答。

一心寺

Isshinji

［所在地］大阪市天王寺区逢阪2-8-69
［建設年］日想殿：1977年　山門：1997年　三千佛堂：2002年
［構造・規模］RC造・S造
［設計］髙口恭行

MAP p192 B-2

大阪は奈良や京都と並ぶ仏教都市でもある。四天王寺から北へ、上町台地の西崖に沿って延びる一帯は、豊臣秀吉の時代から整備の始まった寺町で、瓦屋根と坂道の織りなす風情ある街並みを形成している。その南端、天王寺公園に接する一心寺は、遺骨を集めて造られた仏像と、ユニークな建築群で知られた浄土宗の寺院だ。創建は1185年(文治(ぶんじ)元)にさかのぼり、開祖法然上人がこの地を訪れて、上町台地の高台から西に沈む夕日を眺め、南無阿弥陀仏と唱えたことに由来するという。

由緒ある寺院は第二次世界大戦の空襲でそのほとんどを焼失し、戦後徐々に再興されていくが、他の寺とは異なり、総檜造りの大本堂などに交じって、鉄とコンクリート、ガラスでできた現代建築が建てられていった。

設計したのは前住職で、現在は長老の職にある高口恭行氏。

右：鉄骨がガラス屋根を支える山門。黒い石壁はインド古代の仏教様式に着想を得たデザインで、大法要のときには屋上が仏教舞楽の舞台となる。
左：コンクリート打放しの荒々しいボリュームの上に、鉄骨で持ち上げられた六角の大屋根が覆い被さる日想殿。

大学で建築を学んだ後、仏に仕えながら自ら設計事務所を設立、奈良女子大学で長らく教鞭も執った異色の存在だ。現在、設計活動からは身を引いているが、大阪を代表する建築家の一人である。

1977年(昭和52)に建設された大広間のあるコンクリート打放しの日想殿(にっそうでん)は、六角形の変わった形をした大屋根が、むき出しの鉄骨トラス構造で空中に持ち上げられている。参詣者を迎え入れる山門は1997年(平成9)の完成で、全面ガラスの屋根を通して、5メートルの高さを持つ青銅製の仁王像に陽光が注ぐ。

一般的な寺のイメージからほど遠いその建築群は、一見奇抜に見えるかもしれないが、それは寺院に求められる現代的な要請に応え、境内の調和に配慮しようと考え抜いた結果の形でもある。山門は緊急車両が通れる高さと幅を確保する

右:一心寺の境内。左に木造の大本堂、右に見える相輪が1993年(平成5)に建てられた受付の念佛堂。その間の奥に日想殿が見える。
下:境内の外に設けられた三千佛堂は、道路に直接面して内部が開放されている。内部は入れ子構造になっていて、講堂の黒いシェルを覆うように、寄進で設けられた金色の仏像が並ぶ。
左:講堂の内部。

ため鉄骨造とし、境内のオープンスペースを確保するため共同トイレを地下に埋め、休憩所としての機能も果たす複合建築として設計された。

日想殿の大屋根も、奥行きの長い広間に合わせて屋根を架けると隣の本堂より目立ってしまうところを、六角形に折り畳むことで高さを抑え、境内全体のバランスをとったものだ。その他にも、仏教に通じた建築家だからこそ設計可能な、現代寺院のための工夫が凝らされた建築が並ぶ。

さらに一心寺の建築は境内にとどまらない。2002年、東の道路を挟んだ位置に三千佛堂が再建された。千体の仏像を未来にわたって奉安するため、500年もつ建築を目指したという。寺の施設が境内を越え出て、道路から直接金色の仏像を拝むことのできる街との近さは、髙口氏が掲げる「開かれた寺」のありようを象徴している。髙

決めつけられない自由、
若々しさに溢れた20世紀遺産。

大阪府立国際会議場

（グランキューブ大阪）

Grand Cube OSAKA

［所在地］大阪市北区中之島5-3-51
［建設年］1999年
［構造・規模］S造・SRC造13階、地下3階
［設計］黒川紀章建築都市設計事務所

MAP p191 B-1

2000年(平成12)に開館した大阪府立国際会議場(グランキューブ大阪)は黒川紀章らしさ」の宝箱だ。1934年(昭和9)に生まれ、世界で有名な建築家として2007年にこの世を去った黒川の面白さが、大きな箱にキュッと詰まっている。

全体の形は、まさに愛称通りの「グランキューブ」(大きな立方体)。多くの人に訴える分かりやすさをつくる才能に、彼は若い頃から秀でていた。近づこう。エスカレーターや構造体がどこにあるかが分かってくる。川沿いの道路から続く樹木に誘われて歩くうち、身体はもう地上から高く持ち上げられた建物の下にある。仕組みが明快で、足元が昔の建物のように重く閉じられていない。近代的な技術を駆使して、人間の思い思いの動きをなるべく自由にしようと努めているのだ。

中に入って感じられるのは、

上：1・2階の大部分を占める「プラザ」は樹木が育ち、ステージなども用意された天井高 15.5 メートルの外部空間。夏には盆踊りが行われたりと、さまざまな人の動きを触発して都市とつながる。
下：屋上には真っ赤なアンテナが二つ。天を射るような弓形で、動き出しそうにも見える。

外から見るよりもさらに大きな空間。イベントホールは内部に柱がなく、外のような開放感がある。メインホールは席数の多さに驚く。さらに2つのホールに分割できる技術にびっくり。会議室は大小さまざまに準備され、利用方法を限定しない。そして、ドーム型をした特別会議室は、世界の人々が真に協力し合う「国際」会議場として、いつかSF映画で目にした気がしてくる。

次々に現れる形も、お宝である。屋上の赤く塗られたオブジェは、これぞアンテナというイメージ。これ見よがしな窓ガラスの構造体や居並ぶエスカレーターも、今となっては懐かしい機械時代の雰囲気が漂う。では、ギザギザした手摺りは？ これは設計者がある時期、単純な機械時代を乗り越える存在と力説していたフラクタル図形から来ている。ロビーの椅子や机も黒川の設計、江戸時代のデザインも彼の手にかかれば自由自在だ。

おもちゃ箱をひっくり返したような性格は、抽象的で未来的な特別会議室の天井と、そこに配された具象的で伝統的な絵画という組み合わせを生んでいる。多くの建築家と違って、黒川は整然とデザインを一色に染め上げようとはしない。だから、楽しい。

建物の内と外という分断がない、上階や下階の序列もない、高級や低級の決めつけもない。動き回っていろいろなものに出会えるのが、グランキューブ大阪である。技術を使って人間の自由を高め、デザインで創造性を刺激している民主主義的なキューブだ。人々が多様に振る舞える安定した場を築くのが建築家だという、彼らしい責任感が垣間見える。設計、楽しかっただろうなあと思わせる。結果はと言うと、国際会議場という目的にピッタリ、大阪の土地柄に合っている。

奇しくも20世紀最後の年に完成したこの建築を、黒川の代表作の一つと呼ぼう。失ってはいけない理想を考えさせる、若々しさに溢れた20世紀遺産だ。21世紀らしく遊ぶために準備された、決めつけられていない自由な空間がここにある。彼は今も大阪の真ん中に健在なのだ。倉

メインホールは5階から上にホワイエが続き、5階から9階で2,754席が確保されている。ステージ・遮音壁・椅子の一部が可動し、センターステージ型にしたり、二分割で利用することもできる。5階から9階まで続くエスカレーターも壮観。機械が人間を運ぶ便利さを改めて印象付ける。

上：12階の特別会議場は、地球をイメージして半球形をしている。UFOのような吊り下げ照明と、天神祭を描いた生田花朝女の日本画との組み合わせが、黒川紀章が言うところの「共生」。
中左：ロビーなどで見られる松葉を散りばめた形のカーペットや椅子・机も黒川のデザイン。
中右：巨大な構造体を斜め材などでかたちづくり、内部のこまごまとした柱を無くし、その内側を設備機器の置き場として利用している。設計者が「メカニカルウエハー」と名付けた技術的な工夫は外観にも誇示されていて、これも黒川らしい。

海辺の風景に映える赤、
水都を守る強い意志。

大阪市水上消防署

Osaka Municipal Suijo Fire Station

［所在地］大阪市港区築港3-1-47
［建設年］1999年
［構造・規模］SRC造6階
［設計］シーラカンスK&H（工藤和美、堀場弘）、大阪市都市整備局営繕部

MAP p192 I

「働く建築」は美しい。大阪市港区の大阪市水上消防署は、陸と水の両面を守る消防署だ。他の消防署と同様に陸上の管轄地域を持つ以外に、水難救助隊が配置され、大阪港と河川の消防を担っている。

現在の庁舎は、大阪市都市整備局営繕部とシーラカンスK&Hの設計で1999年(平成11)に完成した。一見無骨な四角い建築が、陸と水の際でいぶし銀の光を放つ。

正面に入口があり、防火・防災の相談などに訪れる市民を迎える。右手には赤い消防車が数台、いつでも出動できるよう、準備を整えて並んでいる。

裏手に停泊しているのは水上消防署が保有する2艇の消防艇だ。「まいしま」は消防車25台分の放水能力のある放水砲や、火災船舶の温度確認が可能な熱画像解析装置などを備えた世界有数の高性能消防艇である。

それに比べるとぐっと背の低い「ゆうなぎ」も特殊だ。船の高さを水面ぎりぎりにまで落とせる消防艇である。大阪市内の低い橋梁の下をくぐることができ、河川部での水難事故や消火活動に幅広く対応が可能。水都大阪の都市のつくりが、船の形にも反映している。

建築の方はどうだろう。まず目につくのは、右手に大きくせり出した部分だ。この4階と下の3階部分は輝く外壁となっている。これはアルミでできた可動ルーバー。内側のハンドルを回すことで、光と風を内部に導くことができる。内側には消防士が仮眠をとるための待機室が並ぶ。夜間の出動に備えて仮眠から3度の食事まですべて建物内で行えるよう、3・4階吹き抜けの食堂を中心とした、明るく機能的な空間が設計されているのだ。

せり出しは、立体的な訓練の場も生み出している。万が一に備えた日々の訓練が、屋上テラスから訓練塔までロープをかけ渡した空中や、車庫と反対側の資機材庫の間の地上で行われる。5階に市民のための窓口があり、最上階の6階に防災講習なども実施される講堂がある。

安全な日常を支えるさまざまな機能を収めた建物は、完成から20年近くたった今も新しく見える。合理的な設計であることや、潮風などに配慮した素材選択に加えて、いつでも働けるよう身の回りをよく整える消防士の精神が建築にみなぎっているからだろう。

アクセントになっているのが、講堂の窓などに使われた赤色。防災意識を高め、水辺の雄大な景色の中でも埋没しない。消防車のように、機能そのもののように思える、生きた赤だ。㊟

右:周囲を見守るような赤い縁取りの窓が、外観のアクセントになっている。
左:5階の事務室から6階の講堂に続く階段には船の模型が置かれ、内側の壁が赤く塗装されている。

世界に認められた建築家の、
人間味あふれるチャレンジ精神。

ジーシー大阪支店
GC Osaka Building

［所在地］大阪市中央区南新町2-3-17
［建設年］2000年
［構造・規模］S造・SRC造6階、地下1階
［設計］坂茂建築設計、丸ノ内建築事務所

MAP p190 C-3

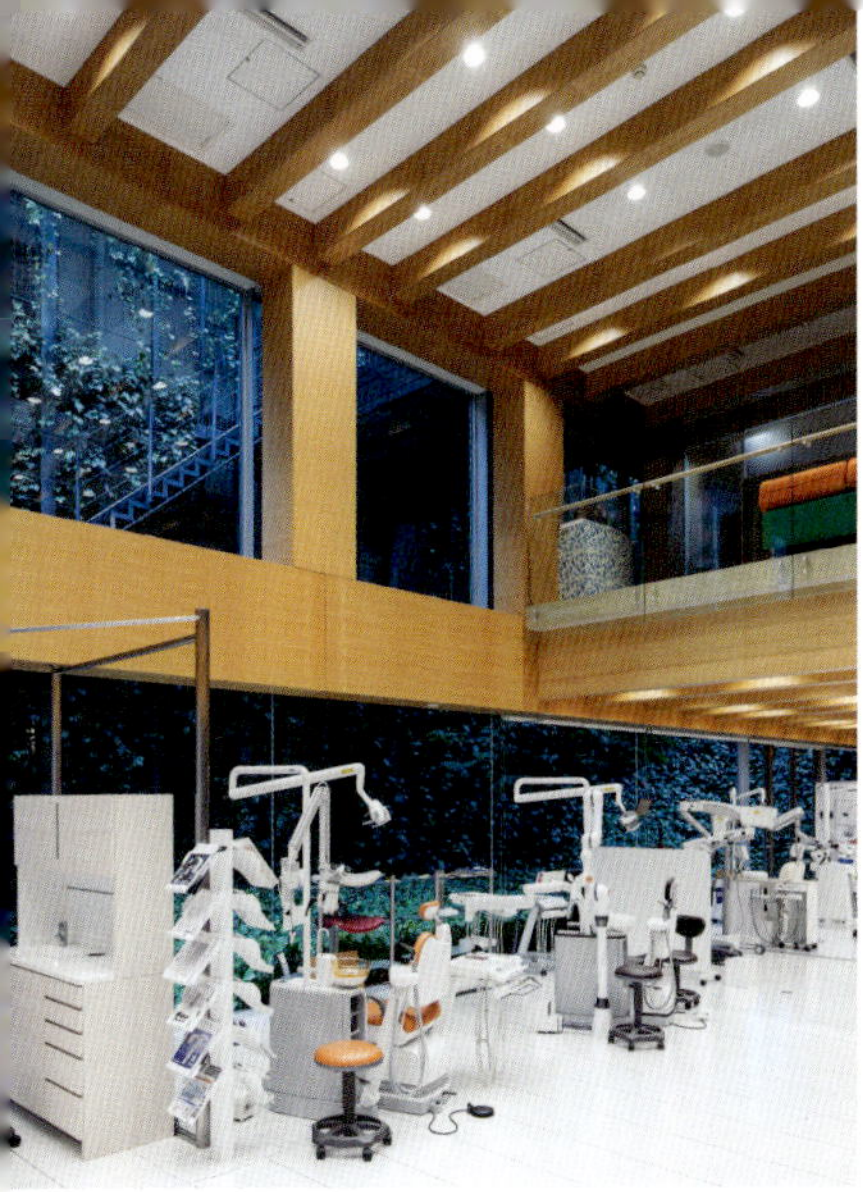

日本人が意外と知らない日本人のすごさは、世界的に有名な建築家を数多く輩出していること。プリツカー賞の受賞者の多さが、一つの指標になるだろう。

プリツカー賞は1979年にアメリカで設立された。以来、毎年原則1人に与えられ、その権威と国際性から「建築界のノーベル賞」と呼ばれる。日本人の過去の受賞者を挙げると、アジアから初の栄誉に輝いた丹下健三氏。次に、ワールド・トレード・センターの跡地に建つ超高層ビルを手がけるなど国内外で評価の高い槇文彦氏がいる。さらに大阪から安藤忠雄氏、建築家ユニットSANAAの代表である妹島和世氏と西沢立衛氏、伊東豊雄氏が続く。

この賞はこれまでにヨーロッパ、中南米、オセアニア、アジアなど、各国の建築家に幅広く授与されている。そんな中で日本人受賞者の総数は7名と、アメリカの8名に次いで多い。最新の日本人受賞者が、1957年（昭和32）生まれの坂茂氏だ。パリにある世界有数の現代美術館の分館としてフランス東部に開館したポンピドゥー・センター・メス（2010年）などの話題作で知られ、国際的知名度から見て、2014年の受賞は意外なものではなかった。

海外で坂氏の評価は先行していた感があった。しかし、近年は大分県立美術館（2014年）、富士山世界遺産センター（2017年）などが完成して、国内でもその名を目にする機会が増えた。

株式会社ジーシーは、そんな世界的建築家を早くから見出していた会社だ。1921年（大正10）に創業され、歯科医療器材のメーカーとして世界トップクラスのシェアを持つ。坂氏がデンタルショーのブースを1997年から2003年にかけてデザイン。その後、名古屋営業所（2004年）、富士小山工場（2007年）を設計した。

南新町を歩いているとふと、そんな坂氏の手腕がよくわかる建築に出会う。2000年に完成したジーシー大阪営業所ビルだ。これは世界で初めて木製耐火被覆の柱を使用したビル。簡単に言えば「鉄を火から木によって守るビル」である。設計にあたっては、柱の少ない空間が目指され、鉄骨構造が選ばれた。鉄骨は熱で曲がるため、火災の際に温度が上昇しないよう、何かで覆う必要がある。それを厚さ5センチの木材で行っている。

木と聞くと火に弱そうだが、そうでもない。実際には、木は一気に燃え尽きるわけではない。また、焼けて炭化した表面は、熱をいっそう伝えづらくする。そんな木の性質を生かして燃焼実験を重ね、国の認定を取得。木と緑といった自然素材に囲まれた開放的なオフィス空間を成立させた。

新たな空間を生むチャレンジ精神は、阪神・淡路大震災の被災地に、坂氏が紙管で建設した紙の教会（1995年）にも通じる。素材を独創的に活かし、人々が豊かに過ごせる場を提供する。テクノロジーが拓く明るい未来を感じさせる。倉

右：隣との境界に階段のある外部空間があり、蔦を絡ませたスクリーンが設けられている。鉄骨造ならではの大きなガラス窓。
左：木に包まれた室内から、外の緑が味わえる。技術的な挑戦が、人が心地よいと感じる自然さを実現させている。

緻密で実直。市民から
見つめられる専門家の会館。

大阪弁護士会館

Osaka Bar Association hall

［所在地］大阪市北区西天満1-12-5
［建設年］2006年
［構造・規模］S造・RC造14階、地下2階
［設計］日建設計

MAP p191 B-2

どんな建築を建てるかというのは難しい。自分たちのあり方を象徴させたいし、都市の中での調和も大事だ。歴史的な物語も踏まえながら、現代性も加えたい。2006年に西天満に完成した大阪弁護士会館は、そんな対立を乗り超えた現代建築だ。

中之島の図書館や中央公会堂の向こうに見える外観は、細い格子の中に透明なガラス箱が収まっているかのよう。シャープで単純だが、あまり目にしない形だ。気になるのは、あの鈍い輝きを放つ格子が何なのか。

近づくと、それがタイルであるのがわかる。特注品の大きな陶板が、柱と梁を包み込んでいる。これほどに細い構造体で14階建ての建物を支えられるのは、最新の建設技術の成果である。内部に柱がないため、将来的な間取りの変更にも対応できる。そんな合理性に、焼きものならではの

美しいムラが人間味を加えている。時の流れに耐えるシンプルな構成美と、より深みを増す味わいが両立している。

「市民に開かれた弁護士会」が、この新会館の建設にあたって大阪弁護士会が決めたコンセプトの第一だった。2層吹き抜けのエントランスロビーは、東西に50メートルを超える長さがある。圧倒的な開放感で、開かれた弁護士会の姿勢を形にしている。

光だけではない、陰影もある。反対側の壁には煉瓦が隙間をあけて積まれ、織物のような風合いは通りからもガラス越しに印象深い。このスクリーンを通過した光が、市民の利用を考慮して2階に設けられた大会議室のロビーに、適度な暗がりを生み出す仕掛けだ。

内部や外壁にも同じ特注の煉瓦が使われている。色ムラ以上の味わいに気づいて接近すれば、複数のタイプがあることが見えてくる。平坦なもの、

右：来訪者を迎える2層吹き抜けのエントランスロビー。通り沿いは一面のガラスで、注ぐ光が陶板の床を照らす。
左：外周の柱も陶板に包まれており、細い柱の間から中之島の風景がのぞく。

弧を描いて中央部が1センチ出ているもの、同じく2センチ、3センチの4種類。それらを出たり入ったりさせて組み合わせている。1890年(明治23)に完成した赤煉瓦の初代庁舎から数えて4代目となる大阪地方裁判所庁舎の外壁タイルや、堂島川を挟んで向かいの大阪市立東洋陶磁美術館に呼応しながら、新しい表情を持っている。

2002年、大阪弁護士会が16社の提案の中から選んだのが、日建設計の江副敏史(えぞえさとし)氏を中心にまとめたこの設計案だった。開かれた現代的な透明感をガラスで、どっしりと構えて歴史に接続する素材感を焼き物で。共に飾らない「素」の素材で勝負することによって、みなから見られるに値するものをつくり出した。どんな分野でも、問題を解く答えの背後にあるのは、緻密で実直なプロの仕事だろう。

現代を生きる弁護士の姿を示すという格の高い投げかけがあり、それに応えたプロが建物を都市の美観にまで高めた。大阪弁護士会館には市民に見つめられる弁護士と建築士のあり方が、重ねて象徴されている。㊟

煉瓦は中央部を膨らませているため、軽快に編んだように見える。わざと付けた焼きムラが、親しみやすさを生み出す。どこか懐かしい素材感と現代的なガラスの透明感とが、随所で絶妙に取り合わされている。

地下街を「養分」にして伸びる、
樹木のような生命力。

大阪富国生命ビル

Osaka Fukoku Seimei Building

［所在地］大阪市北区小松原町2-4
［建設年］2010年
［構造・規模］S造28階、地下4階
［設計］清水建設、ドミニク・ペロー アキテキチュール

MAP p191 A-2

連載時のタイトルである「都市を生きる建築」にこれほどふさわしいものはない——といった文章をすでに何度も書いたようにも思うが、やはり使わせてほしい。

2010年に梅田に完成した地下4階、地上28階建ての大阪富国生命ビルである。デザインアーキテクトを、世界的に著名なフランス人建築家のドミニク・ペロー氏が務めた。

ペロー氏はこの超高層ビルを「最も生き生きして直立している自然物である樹木」になぞらえて構想した。ビルの低層部は大きな樹木の根元のように末広がりになり、地下空間から生えている。それが上層に行くにつれて次第に平滑さを増し、空に向かって毅然と伸びる。そんなイメージから計画は始まったという。

梅田の地下街は1942年（昭和17）に最初につくられ、1960年代以降に増殖して、周囲のビル群と関係した複雑な姿となった。都市の一部として地下空間のネットワークがあり、生き生きとした活動が展開されている。このヨーロッパの人々にあまり馴染みのない構成を氏は強く意識していて、場所の個性を「養分」にした形であることがわかる。

内部の「フコク生命の森」も、都市の中でどうあるべきかを考えた設計だ。地下2階から4階まで吹き抜けて太陽の光が降り注ぎ、今日の天候を仰ぎ見られる。天井の低い梅田地下街とは対照的な空間づくりを通じて、街中だからこそ自然が格別に思える瞬間が強調されているのだ。吹き抜けに面して「フォレストウォール」がある。ピクセル加工された白神山地の森の画像をガラスに挟み込み、見る角度によって緑の光景が豊かに変わる。

人工的な素材が醸し出す有機的な表情は他にも見られる。ロビー天井では工業製品のアルミエキスパンドメタルをランダムに張り分けて、揺らめくような効果を醸し出している。屈折した外壁は通りを歩く人々を映し出し、仕込まれた鏡面が思わぬ方向からの光をもたらす。

ペロー氏は代表作のフランス国立図書館で、ガラスに囲まれた広大な中庭を樹木で埋め尽くした。ここでも建物の全体と細部の双方において、自然と人工の関係を再解釈し、生命力あふれる大阪らしさを、従来とは異なった形で象徴している。

活性化している都市は決まって、その場所の特性を新鮮に受け止め、新たな形で見せられる「外の眼」の持ち主を的確に起用しているものだ。建築家がまさにそうした人間の一人だと示しているのが大阪富国生命ビル。対象を愛し、同時に広い視点で捉える専門家に仕事を任せられるかどうか、これからの大阪にとっても鍵となりそうだ。㊢

右：ガラスの取り付け角度が異なる部材を組み合わせ、見る距離によって表情が異なる外観。
左上：梅田地下街から連続した吹き抜け空間である「フコク生命（いのち）の森」は待ち合わせ場所としても活用されている。

都市にいることを実感。
世界に誇れる通過型の駅。

大阪ステーションシティ

OSAKA STATION CITY

［所在地］大阪市北区梅田3-1-3
［建設年］2011年
［構造・規模］S造・SRC造・RC造28階、地下4階
［設計］JR西日本、ジェイアール西日本コンサルタンツほか

MAP p191 A-2

鉄道駅は頭端型と通過型の大きく2タイプに分かれる。日本の頭端型を代表する存在が阪急の梅田駅だ。一列に並んだホームから線路が枝分かれして、旅の始まりと終わりを予感させる。

JR大阪駅も負けてはいない。初代の駅舎は1874年（明治7）、神戸との間を結ぶ鉄道の開通によって誕生した。その2年前、日本で初めての鉄道が新橋～横浜間を走った際、両端の駅が行き止まりの頭端型としてつくられたのに対して、大阪駅は路線延伸に対応できる通過型とされた。その後、起点駅としての役割を終えた初代の新橋駅は汐留駅となった後に廃止され、初代の横浜駅も桜木町駅に変わったが、大阪駅はほぼ同じ場所で駅舎だけが代替わりして存続している。

約140年間、生き続けている大阪駅は、日本を代表する通過型の駅である。こう断言できるのは、歴史の古さだけでない。2011年に開業した5代目の駅舎が、通過型のよさを発揮した、他にない造りだからだ。

南北のビルは、ホームの上を走る幅広い通路で結ばれている。ビルの3階に接続していて、迷いなく乗り換えたり、南北のどちらにも向かったりすることができる。

通路の上部の「時空（とき）の広場」は5階に直結している。日の光が注ぎ、設けられているカフェが似合う。見下ろせば、電車の行き来がわかる。見上げればエスカレーターが続いていて、どこに行けば何が売っているのか見当がつく。巨大だが把握しやすい造りは、物を買う側にとっても、売る側にとっても好都合だろう。

雨の日でも濡れずに歩ける便利で自然な環境を、約180メートル×100メートルもの大屋根が実現させている。

大阪ステーション「シティ」という名の通り、ここは一つの「街」なのだ。特急列車から通勤列車までが左右に発着し、時間によって雰囲気も変化する。

「駅」が主役なのもいい。さまざまな目的で人が行き交う街のリズムを、ここまで感じられる場所はない。国外の主要駅は頭端型が多いが、国内では通過型が大多数である。また、駅という場所を経由地として捉えるだけでなく、ターミナルデパートを設けるなど目的地としても発達させてきた。大屋根は、日本が歴史的に育んできた通過型の駅とターミナルデパートという別々の鉄道文化二つを一つに包み込んでいる。最先端の建設技術を駆使して。

クラシックな駅のように外観で目立つのではなく、都市にいると実感できる眺めを生み出しているのが現代的だ。世界に誇れる駅である。倉

右：緩やかなカーブを描く鉄骨造の大屋根は、写真手前側の構造体と北側のビルによって支えられている。
左：南北のビルの5階に直結した「時空の広場」。電車や改札内が眺められ、外部のエスカレーターで10階まで上ることができる。

船場のグローバル企業による
住まいのような本社ビル。

日本圧着端子製造株式会社

J.S.T. MFG.CO.,LTD.

［所在地］大阪市中央区道修町3-4-7
［建設年］2013年
［構造・規模］S造・SRC造・RC造8階、地下2階
［設計］Atelier KISHISHITA + Man*go design

MAP p191 B-2

日本圧着端子製造株式会社の本社ビルは、国内21拠点、アメリカ、ヨーロッパ、アジアなど18ヶ国に拠点を構える従業員数約2100人のグローバル企業の本社屋として、船場に2013年に新築された。イケフェス大阪（P182）のプログラムの一つとして毎年開催している小学1〜3年生対象の「こどもツアー」で2015年に訪れたところ、女の子も男の子も走り回らんばかりに生き生きしていた。

耳慣れない圧着端子とは、はんだ付けなしに配線同士を接続できる部材のこと。同社はこの第1号製品の名を会社名に冠して1957年（昭和32）に創業した。

「料亭と間違えて入って来られる方もおられて…」と、案内していただいた方は笑う。確かに一見したところ、最先端の研究開発の場には思えない。外側に並ぶ無塗装の杉材は木目も鮮やか。その間にのぞく1階の打ち合わせスペースは清涼な板張りで、間違えるのも無理はない。玄関で靴を脱ぐのも変わっている。内部の床や天井や家具には国産木材がふんだんに使われている。木のぬくもりが肌で感じとれる。

外部のルーバーである12センチ角の杉材は、1階分の長さでボルト留めされ、取り替えができるようになっている。天然の素材は雨や日の光を浴びて、落ち着いた色味に変化する。伊勢神宮の式年遷宮と同じく20年に1度、取り替えられる想定だ。ぱっと明るくなり、畳を張り替えたように新鮮な気持ちになるのだろう。素材が与える効果を時間の流れの中で計画した建物は、かつて船場に建ち並んでいた町家にも通じている。

訪れた子どもたちが緊張しなかった理由は、住まいに近い造りもあるだろう。8階建のビルの真ん中に地下まで続く吹き抜けが設けられ、周囲に階段が回っている。隣り合うエリアの床が半階ずつ上がる構成になっていて、上下の階の様子がわかる。少しの移動ならエレベーターを使わず、階段で行こうという気分になる。吹き抜けを通じて外の天気に触れることができ、デスクに向かっていても杉材の間からやわらかな日射しが注ぐ。

畳敷きの作業スペースや屋上テラスもあって、気持ちよさそうだ。集中力を要する仕事だからこそ、自然な息抜きの場が用意されている。この特徴的な造りをすでに社員が使いこなしていることは、適切に整頓された様子でもわかる。まるで健やかな生活の営みが感じられる住まいのように、美しいオフィスだ。

同社のオーナー経営者は、この場所に本社を建てることに思い入れが深かった。何人もの建築家に提案を依頼し、その中から以前にここまで大きな建物を担当したことのなかった若手建築家チームに設計を任せた。

子どもが身体で反応するような空間は、大人にも快適に違いない。この建築を建ててから、優秀な入社志望者、とりわけ女性の顔ぶれがいっそう目立つようになったと社員の方は言う。おそらく何も言わない建築の方が、企業姿勢を物語る。言葉よりも豊かに。倉

右：杉材を使った外観。経年変化により味わいを増し、数十年後に交換できるように想定されている。
左：吹き抜けに面した明るい階段で、半階ずつ上がった各部屋がつながっている。

すくっと建つ超高層建築は
「大阪らしさ」に寄りかからない。

あべのハルカス

ABENO HARUKAS

［所在地］大阪市阿倍野区阿倍野筋1-1-43
［建設年］2014年
［構造・規模］S造・SRC造60階、地下5階
［設計］竹中工務店

MAP p192 B-2

「大阪らしさ」が薄いビルだと思われるかもしれない。

2014年に完成したタワー館は高さ300メートル、日本一の超高層建築だ。構造物の高さとしても東京スカイツリー（634メートル）、東京タワー（333メートル）に次いで全国で3番目。地上60階、地下5階の床面積の合計は大阪ドーム9個分強（約30万6千平方メートル）に及ぶ。しかも、百貨店、オフィス、ホテルなど機能がさまざまで、一つの街が生まれたようなものだ。

でも、あべのハルカスは、あくまでクールである。高さを決める際に「ムサシ」（634）のように洒落るわけでもない。最上部を塔のように突き出すのでもない。日本最大のターミナルビルでもあるのだが、近畿日本鉄道のロゴ一つない。ガラスの箱のようにシュッと建っている。

それがいい。ありきたりの「大阪らしさ」に頼っていないから、見る人が自分の大阪を発見できる。16階からエレベーターに乗って、60階までたったの50秒。3層吹き抜けの展望台「ハルカス300」は、地上と異なる視点を思い思いに楽しめる場所だ。

北は横の「通り」と縦の「筋」からなる整然とした市街。西側に移ると大阪湾、橋、工場群と建物の大きさが増す。南には鉄道会社によって広がった街並みがうねうねと続き、東側の屏風のような生駒山地を眺めると、1914年（大正3）にここに生駒トンネルを開通させた近畿日本鉄道の前身・大阪電気軌道の偉業が納得できる。

仮に将来、高さでは抜かれたとしても、あべのハルカスの展望台は特別だ。中心市街の南端に位置しているから、しっかりとした大阪の骨格をつかめる。その上でエリアや建物の関係性がわかる。

銀色の物体が展望台に突き出ている。これは空気の吐き出し口で、この下にずっと風の通り道が設けられている。地球環境に配慮した省エネルギーシステムの一つだ。

それにしても、なぜ細い隙間が空いているのだろう。実は年に2回、この隙間から日没の光が差し込む。足元に建つ四天王寺では春分と秋分の日の夕方に、日想観（じっそうかん）という法要が行われる。この立地の伝統を、すぐに消費されないように静かに取り入れた設計となっている。

あべのハルカスの展望台は押し付けがましくなく、この都市を生きている人に発見を与えてくれる。シンプルなガラスが、展望する人の興味を映す鏡に思えてくる。

たまたま撮影に訪れた日は、クリスマスの装いをしたキャラクターや真田幸村イベントの展示パネルが追加されていたが、20世紀の「大阪らしさ」から一歩進もうという完成時の思いは、事業者にも揺るぎなく共有されていると信じている。倉

右：ビルの低層階には百貨店（あべのハルカス近鉄本店）や美術館（あべのハルカス美術館）、中層階にはオフィス、高層階にはホテル（大阪マリオット都ホテル）などがある。
左：最上部の58～60階に位置する展望台は中央部が吹き抜けになっていて、外気を肌で感じられる。3層吹き抜けなので、眺める人越しに風景を展望するという他ではない体験も。

大阪30年来の悲願がついに実現。
ブラックキューブが新しい空間体験を生む。

大阪新美術館（仮称）

Osaka City Museum of Modern Art

［所在地］大阪市北区中之島4
［建設年］2021年度
［構造・規模］RC造5階
［設計］遠藤克彦建築研究所

MAP p191 B-1

中之島を敷地に実施設計が進められている(仮称)大阪新美術館は、まだ影も形もない建築であるにもかかわらず、既に30年以上の歴史を有するという希有なプロジェクトだ。

市立の近代美術館の構想は、1983年(昭和58)に示された大阪市制100周年記念事業にまでさかのぼる。その後、美術館に収蔵するコレクションの収集が進められ、中之島に土地も取得したものの、市の財政難などを理由に構想が二転三転し、もはや美術館は実現しないのではないかというところまで追い込まれた。しかし当初より規模は縮小されたものの、2013年に改めて新しい美術館を整備することが決定され、2016年にようやく設計コンペの実施にまでこぎ着ける。

コンペでは世界的に活躍する建築家の槇(まき)文彦氏や、日本最大の建築設計事務所である日建設計らを押しのけて、関西では無名と言ってよい40代の建築家、遠藤克彦氏の案が選ばれた。その外観は黒い直方体が空中に浮遊するような、シンプルかつシンボリックなもので、超高密度に圧縮された鉱物のような物質の存在感が、逆に周囲の広い空間の拡がりを意識させる。

美術館の計画地である中之島の西部一帯は今後開発が進み、超高層ビルやタワーマンションが林立して、島というよりは河川の南北を遮断する、巨大な壁のようになるだろう。そのとき、南北の抜けを確保する美術館のオープンスペースは、極めて重要な場所となるに違いない。

遠望では黒い塊に見える直方体に近づいていくと、さまざまな部分に開口が穿たれていて、そこに内部空間の存在と美術館のアクティビティが現れる。どんなに固い物質も、顕微鏡で拡大すれば無数の空隙をもつ多孔体であるように、巧みに配置された都市空間のような「パッサージュ」が、複雑に空間の貫入する内部空間を通じて、人々を展示室へと導いていく。巨視的な都市のスケールから、展示された絵画のマチエール(絵肌)の微細なスケールまで、連続するシームレスな体験をもたらしてくれそうな建築だ。

遠藤氏は計画地の近くに事務所を構えて臨戦態勢で基本設計・実施設計に取り組み、2018年度中には工事が着工され、2021年度中の開館が予定されている。東京などと比べれば注目すべき現代建築に乏しい大阪において、久しぶりに建築界をにぎわす大きな話題であり、都市計画的にも南隣の国立国際美術館などと連動した、都心の一大文化ゾーンが形成されることになる。高

右：基本設計完了時に公表された完成予想図。黒いキューブの周りに広々とした空間が広がる。
左：内部は立体的な街路空間をコンセプトとしたパッサージュによって、各展示室が繋がれている。

一人ひとりの生活から、都市を捉え直す。そして「生きた建築」へ。

１９８０年代以降、東京への一極集中が進む中、大阪の現代建築にはどのような動きがあったのでしょうか。また一方で、戦後建築が建て替えの時期を迎えたことによって建築や都市に対する新しいアプローチも生まれてきています。

倉方　大阪万博をその予兆と評しましたが、１９７０年代以降、東京への一極集中が加速し、物量でどうこうなる感じではなくなります。

高岡　経済的な規模ではまともに勝負できない状況で、都市の小さな領域から活路を見出していくわけですね。

倉方　都住創にしても、安藤忠雄さんにしても、１９７０年代に大阪から全国にインパクトを与えたのは、それですね。都住創のコーポラティブ住宅（Ｐ１４０）は、大阪の発祥地である都心部に、再び住民同士がつながりを持った生活の舞台を打ち立てようではないかという共同住宅の提案。それに対し、安藤さんは都市を拒絶した砦のような打ち放しコンクリートの個人住宅を提案し、その大胆さは日本橋の家（Ｐ１６２）によく現れています。方向性もデザインも異なりますが、共通する部分もあります。個人の生活の実感から、街を捉え直そうという姿勢です。世の流れだから仕方がないと、物量を目の前に白旗を揚げるのではない。こんな風にいち早く次の時代の創造行為が現れるところに、一地方都市に収まらない大阪の深みを感じます。

高岡　大阪ガスのＮＥＸＴ21（Ｐ１４３）も、名称が「実験住宅」ですからね。都市居住におけるガスのＰＲという目的はあるにせよ、大阪ガスは別にわざわざマンションまで建てる必要なんてないんですよ。普通に考えれば。

倉方　地元企業が短期間の損得ではなく、10年20年先を見据えて都市の新しい生活を実践する試み。これも大阪の底力だと感じます。その際、いい意味で未来を計算し尽くしていない感じがいい（笑）。何年間で減価償却をして、付加価値を高めていくらで売却できて……というものではない。それだと東京には敵わないかもしれないけれど、大阪は別の方向に踏み出しています。

インフラ的建築の再々開発。

高岡　２０００年代以降の建築も東京に比べるとやはり数では劣りますが、ちょうど高度経済成長期から半世紀ぐらい経って、再々開発の時期にさしかかったことで、大阪ステーションシティ（２０１１年・Ｐ１７０）やあべのハルカス（２０１４年・Ｐ１７４）など、都市のインフラ的な大規模建築が目立ちます。大阪駅前にはもうすっかり古いビルがなくなりましたし、中之島もそう。一つひとつを見ると手放しに「すごい！」と言える建築ばかりではないけれど、中之島のツインタワーのような新しいシンボルも生まれています。

倉方　あの風景は美しいですよね。ＯＢＰもそうですが、建築の姿が晒される水都の水辺に建つ責任を引き受けている感じがします。

髙岡　あれだけ明解なツインタワーは、日本には他にないんじゃないですか？

倉方　梅田スカイビルは、原広司という設計者がいなければ決して生まれなかった建築。いわゆる建築家の作品ですね。大阪においては例外的な存在です。ここでは公共建築にしても民間のものにせよ、大手の組織事務所やゼネコン設計部が圧倒的な強さを誇っていますから。戦後に建てられた、いわゆる建築家の大規模な作品がここまで見られない都市は、全国でも珍しい。その一方、大手の組織事務所やゼネコンの設計者が個性的を発揮しながら、驚くほどのクオリティが実現されています。大阪弁護士会館（Ｐ１６４）のこだわりとか、すごいですよね。

髙岡　通常、建築設計の世界では、大手の社員は自分の色を出しづらいものですが、確かに関西の若者たちを見ていると、ゼネコンに入った方が自分のやりたいことを実現できるという感覚が強い気がしますね。

倉方　あべのハルカスにしても、スタイリッシュなだけではなくさまざまな仕掛けが施されている。長い歴史の上に成り立っている施主と設計者、建設会社の信頼関係があってのことでしょう。

建築を担う新しいプレイヤー。

倉方　高度成長期のものが建て替えの対象になっていく中で、別の動きとして、リノベーションやコンバージョンがありますよね。例えばザ・ガーデンオリエンタル・大阪（Ｐ１１６）はもともと大阪市公館だったものをコンバージョンして、今や大人気のウェディングスポットになっている。内装の独特のデザインが再認識されて、うまく転用されています。新桜川ビル（Ｐ１００）は合理を突き詰めたら不思議になってしまったような平面構成を活かして、戦後ビルならではの魅力を発信しています。

髙岡　どちらも有名な建築家やゼネコンが関わっているわけではなく、建物がうまく活用されているのは、運営やリノベーションを手がける会社の手腕です。こうした新しい職能を持った人たちが建築をめぐるプレイヤーとして浮かび上がってきた。同時に建築の「使い手」にも光が当たるよ

新桜川ビルのリノベーションを手がけたアートアンドクラフトが開催した展覧会に多くの人が訪れたことは、今の時代性をよく表している。

うになってきましたよね。これまでは建築家が主役で、それによって建築の価値が決まっていた。ところが今は、中之島図書館（P18）のように新しいカフェができたことで、建築が再び輝いている。使い手の思いやセンスによって建築の価値が高まる時代になってきたんです。

倉方　使うことが楽しいんだという認識がだんだん広がってきました。駅や公園にしても建築にしても、それをどう使うかに面白みがあって、何かユニークなことをやっていると、それに惹かれてまた別の人たちもやって来る。物量勝負の消費のための器ではなく、街とつながって建っているという建築の本質が活用されています。

高岡　建築自体をパブリックな広場として捉えるというか、建築自体が与件としての敷地化しているのかもしれません。「ここで自分は何ができるのか？」と想像するメンタリティが育ってきている。

倉方　それがまさに高岡さんやBMCのみなさんをはじめとする大阪の方々が生み出してきたこと。「味園ユニバースの大空間で盆踊りをしたら楽しいんちゃう？」とか（笑）。建築をどう使って、いかに楽しめるかを、個人の生活の延長上で捉える。それはイケフェス大阪にも通じる、新しい建築と人間との関わり方と言えます。

イケフェス大阪を育んだ、大阪の街と人。

倉方　さっきイケフェス大阪に通じると言いましたが、今、私たちが建築を楽しんでいるのは、その前段階としてメディアや博物館の展覧会によってさまざまな事物の掘り起こしがあったからこそだと思うんですね。名もなき建築家による作品やタイルという素材の魅力といった多様性が知られるようになったおかげで、その上で「どれを楽しむのか」という発想ができる。そうやって建築が知識としての「モノ」から、楽しむための「場」に変わっていった。

高岡　それは確かにその通りかもしれませんね。

倉方　2000年以降、みんなが興味を持ちやすい形で事物の掘り起こしが行われたことで、学術的な研究と一般の人たちの関心の高まりが、自然なフラット感を持って醸成されていった。それがスムーズにイケフェス大阪の盛り上がりにつながった気がします。これは独特だと思うんですよ。

高岡　イケフェス大阪については、ここまでは順調過ぎますが、こういうイベントが成功するとしたら大阪だろうという確信のようなものはありました。歩いてめぐることができる街のスケールもそうだし、関わってくれる人たちがいることもわかっていたし。

倉方　大阪市役所の方々をはじめ、多くの人が汗をかいてやってくださっていますが、なんか無理やり先導したり、後押ししなきゃいけない感じがないのがすごい。やりたい人たちがどんどん出てきて、その人たちが自走するエネルギーがちゃんとある。そこに大阪らしさを実感します。変わった脇役しか期待していない中央目線では捕まえられない、これが大都市の蓄積。

高岡　自分自身、すごく不思議に思うのは、建物を公開してくださる方々が、とてつもないサービス精神を発揮してくれる。あれは何なんでしょう(笑)

倉方　サービスというより、もう「驚かせよう」というモードになってる(笑)

高岡　そういう動きは大事ですよね。今までは建物を公開する価値があるかどうかというのは、本に載ってるからとか、あの先生が評価しているからという基準でしか判断されなかったのが、「うちのビルもいけるんじゃない?」という自発的な判断が生まれてきている。

倉方　そうそう。この建物が大事だと思ったら、そういう風に見られるように、自分たちで楽しくしていこう、みたいな。これも大阪という街の精神でしょう。

高岡　近代建築が好きな人と現代建築が好きな人って、わりとセパレートされているんですけど、イケフェス大阪ではそうならないようにという目論見があります。この本も年代順に並んではいますが、古い建物も新しい建物も見てくださいね、と。

また、それが可能なのが大阪という都市の面白さでもあります。古い明治時代の建築の隣に現代建築が普通に建っていたりするので、「じゃあちょっとこっちも寄ってみよう」となる。古い建物が好きだった人も新しい建物を好きになるし、安藤忠雄にしか興味がなかった人が味園ユニバースに興味を持つ。大阪という都市の回遊性がもたらすイケフェス大阪の強みですよね。

倉方　建築を通して、大阪に流れる性格を見てほしい。その上で、今あるすべての建築が現代の都市を構成している一つの要素であると認識することから、それらを等しく使ったり、解釈したり、他の人が気づいていない魅力を発見してほしいですね。

高岡　それはとても大切なことですよね。すべて、「今ここにある」建築なんです。

倉方　さらに言えば、たまたま今はこういう風景なんだけど、もしかするともっといろいろなものが建っていたかもしれない。だから、今私たちが見ている建築は、もうなくなってしまった過去の建築や、これから生まれる未来の建築を想像させるものであるんです。

組織事務所

建築の設計･監理を専業とする、比較的規模の大きな建築設計事務所の総称。

ゼネコン

土木建築工事の一切を請け負う大手の総合建設業者。

リノベーションやコンバージョン

一般的に、用途変更を伴わない建築の再生をリノベーション、倉庫を住宅に変えるなど用途変更を伴う場合をコンバージョンと呼ぶ。

BMC

ビルマニアカフェ。1950〜70年代のビルをこよなく愛する5人のメンバーが、リトルプレスなどでその魅力を発信している。

イケフェス大阪

生きた建築ミュージアムフェスティバル大阪。毎年秋に、大阪の各時代の建築を一斉に無料公開する日本最大級の建築イベント。

サービス精神

建築の所有者や関係者が見学者を手厚く迎え入れ、直接にいろいろと話を聞くことができるのが、イケフェス大阪の大きな魅力となっている。

都市の回遊性

都心のスケールがコンパクトで、移動しやすいのが大阪の特徴で、短時間で数多くの建築を巡ることができる。

生きた建築 大阪2　INDEX

あとがき
倉方俊輔

髙岡さんと2人で連載していた「都市を生きる建築」が、このたび、2冊目の単行本に収められることになりました。感慨深いです。髙岡さんと一緒に、こうした仕事ができるとは大阪に来たばかりの頃の自分は、想像してもいませんでしたから。

本書(と前書)の一つの建築紹介を読んで、どちらが書いたか当てられますか？　できるような気も、できない気もします。私自身、校正の時、しばらく自分が書いたつもりで読んでいたら、髙岡さんだったりしますから。たぶん建築に対する姿勢に、共通するものがあるのだと思います。

しかし、相手の原稿を読むと、かなわないなあと思うことが多々あります。まず、街を身体的に把握していることです。例えば、それが属するエリアの呼び名があります。最寄りの駅名などとは異なったかたちで、そのあたりをどう呼ぶか。どの街でもこれが難しい。2011年に大阪市立大学の教員になって移り住んだ私にはできません。あと、昔のことも知りません。

これまでの専門家の著書やガイドブックは、目の前の建築を説明する時、まず過去に関する蘊蓄から入ったり、決まり切った美文を並べたりしがちでした。髙岡さんは、そうではなく、今あるものとして語り始めます。そんな姿勢を可能にしているのは、これまでずっと大阪にいたからこそできる「生きた」建築の把握であるわけです。

もう一つ、自分にないのが、建築を実際に「生きた」ものに変えられるプロだからこその目線です。謙虚なので本人はあまり言いませんが、本書に収録されている北浜長屋、丼池繊維会館、フジカワビルは、髙岡伸一建築設計事務所の改修設計を通じて、今を生きる建築として蘇りました。何を残して何を変えるべきかが、しっかり定義されています。歴史的な知識、対象の個別の良さを生かそうという愛ある目線、それに現代的なセンスがないと、こうはいきません。

私などは気楽に、できあがったかたちだけを評していればいいわけです。しかし、今、実際に目の前にあるということは、それ以上のものです。時代の法規や収益性とどう折り合いをつけるかなどという、地道で困難な過程を乗り超えているわけですから。これは設計のプロでないとできないことです。そうしたお仕事が、私には文章の目線と共鳴して見えます。

高岡さんのような人が、全国にもっといるといいなあと思います。その街の建築を内側から理解し、外側に向けて語れ、そして伝統的な保存修復とも、デザインの刺激を前面に押し出したリノベーションとも、エリアリノベーションとも異なった―どれも大事ですし、高岡さんの仕事の中にこうした要素も入っています―設計で、具体的な点としての建築から現実に街をよく変えられる人物が。

大阪が好きなことに関しては、私も高岡さんに負けないと自負しています。ですが、以上のような理由で、あまりできることがありません。心がけたこととしては、同様の姿勢を持って、一つの対象から当時の施主・設計者・市民など生きた人の姿を現代的な筆致で表現しようということと、大阪の中だけに収まる話はやめようということくらいです。

前書と本書の執筆を通じて、大阪にはさまざまなものがあるなあと改めて強く感じました。読者の皆様も、同じでしょう。

特に本書に収録されている建築は、前書にも増して多彩です。押しも押されぬ重要文化財が並び、重厚な企業の所有物があり、建築としてはあまり取材を受けたことがないだろう対象まで入っています。最後のようなものは、大阪に来る前に私が初めて高岡さんを知ったビルマニアカフェの活動―その後『いいビルの写真集』『いい階段の写真集』『喫茶とインテリア』を生みます―それに同時期の拙著『ドコノモン』の延長上にあります。それらが大阪でつながるとは。

西岡潔さんの写真と相まって、こうして2冊で100近くの建築の今が解説され、記録されたことが感慨深いです。関係してくれたすべての方に感謝を申し上げます。

監修

橋爪紳也（はしづめ・しんや）

1960年大阪市出身。大阪府立大学研究推進機構特別教授、同大学観光産業戦略研究所長。大阪府特別顧問、大阪市特別顧問ほか兼職。都市再生や観光まちづくりなど、各地のプロジェクトや施策立案においてキーパーソンとして活躍。近著『大大阪モダニズム遊覧』（芸術新聞社）ほか、著作は80冊ほど。

著者

倉方俊輔（くらかた・しゅんすけ）

1971年東京都出身。大阪市立大学大学院工学研究科准教授。近現代の日本の建築を中心に研究。近著に『東京モダン建築さんぽ』（エクスナレッジ・2017年）、共著に『吉祥寺ハモニカ横丁のつくり方』（彰国社・2016年）。監修・解説書に『伊東忠太建築資料集』（ゆまに書房・2014年）など。

髙岡伸一（たかおか・しんいち）

1970年大阪市出身。建築家・近畿大学建築学部准教授。設計活動と並行し、近代建築や戦後建築の再評価・利活用について研究・実践。主な共著に『いいビルの写真集』（パイインターナショナル・2012年）、『大阪名所図解』（140B・2014年）、『喫茶とインテリア』（大福書林・2016年）など。

写真

西岡 潔（にしおか・きよし）

1976年大阪市出身。人と自然や空間の関わりに関心があり、「空間に対して」をテーマに作品づくりを続ける。撮影を担当した出版物に『空間快楽案内―気持ちのいい聖地 関西編』（青幻舎・2013年）など。現在は奈良県東吉野村に拠点を移し、移住者仲間と共に合同会社オフィスキャンプを設立。

生きた建築 大阪 2

2018年10月23日 初版発行

Printed in Japan
ISBN978-4-903993-37-9

監修 橋爪紳也
著者 倉方俊輔 髙岡伸一
写真 西岡 潔

ブックデザイン 角谷 慶
イラスト 山内庸資
マップ 齋藤直己
編集協力 狩野哲也

発行人 中島 淳

発行所 株式会社140B（イチヨンマルビー）
〒530-0047
大阪市北区西天満2-6-8 堂島ビルヂング602号
電話 06(6484)9677
振替 00990-5-299267
http://www.140b.jp

印刷・製本 株式会社シナノパブリッシングプレス

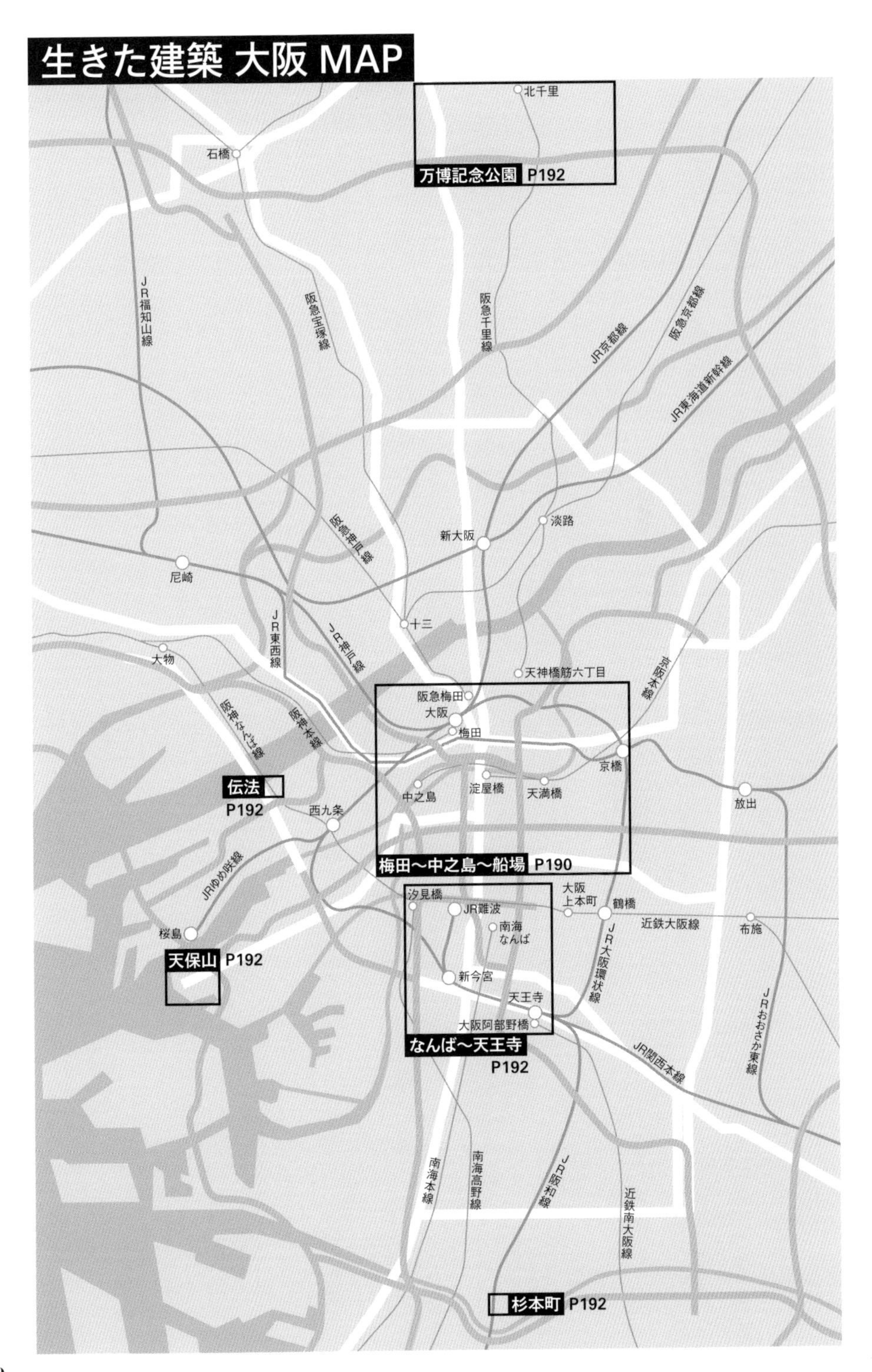
生きた建築 大阪 MAP
北千里
石橋
万博記念公園 P192
JR福知山線
阪急宝塚線
阪急千里線
JR京都線
阪急京都線
JR東海道新幹線
阪急神戸線
淡路
新大阪
尼崎
JR東西線
JR神戸線
十三
大物
天神橋筋六丁目
阪神なんば線
阪神本線
京阪本線
阪急梅田
大阪
梅田
京橋
伝法
P192
中之島
淀屋橋
天満橋
放出
西九条
JRゆめ咲線
梅田〜中之島〜船場 P190
汐見橋
大阪上本町
鶴橋
JR難波
南海なんば
近鉄大阪線
布施
桜島
天保山 P192
JR大阪環状線
新今宮
天王寺
大阪阿部野橋
JRおおさか東線
なんば〜天王寺
P192
JR関西本線
南海本線
南海高野線
JR阪和線
近鉄南大阪線
杉本町 P192

梅田〜中之島〜船場
3
4
A
B
C
扇町公園
扇町
天満
桜ノ宮
JR大阪環状線
南森町
JR東西線
地下鉄谷町線
大阪天満宮
大阪天満宮
旧桜宮公会堂(P10)
泉布観(P10)
京橋
京橋
京橋
イオン
太閤園 淀川邸(P38)
大阪城北詰
ザ・ガーデンオリエンタル・大阪(P116)
北浜長屋(P42)
北浜
京阪本線
大阪ビジネスパーク
OMM
(P110)
天満橋
三井住友銀行
大阪中央支店(P90)
旧小西家住宅(P34)
都住創
スパイヤー
(P140)
天満橋
大阪城ホール
大阪城天守閣(P74)
大阪府庁
本館(P58)
大阪城公園
堺筋
フジカワビル(P96)
ミライザ大阪城(P78)
ジーシー大阪支店(P162)
本町通
ピースおおさか
(P146)
堺筋本町
谷町四丁目
森ノ宮
地下鉄中央線
森ノ宮
難波宮跡公園
地下鉄堺筋線
松屋町筋
地下鉄谷町線
谷町筋
上町筋
松屋町
谷町六丁目
長堀通
地下鉄長堀鶴見緑地線
長堀橋
玉造
NEXT21
(P143)
玉造

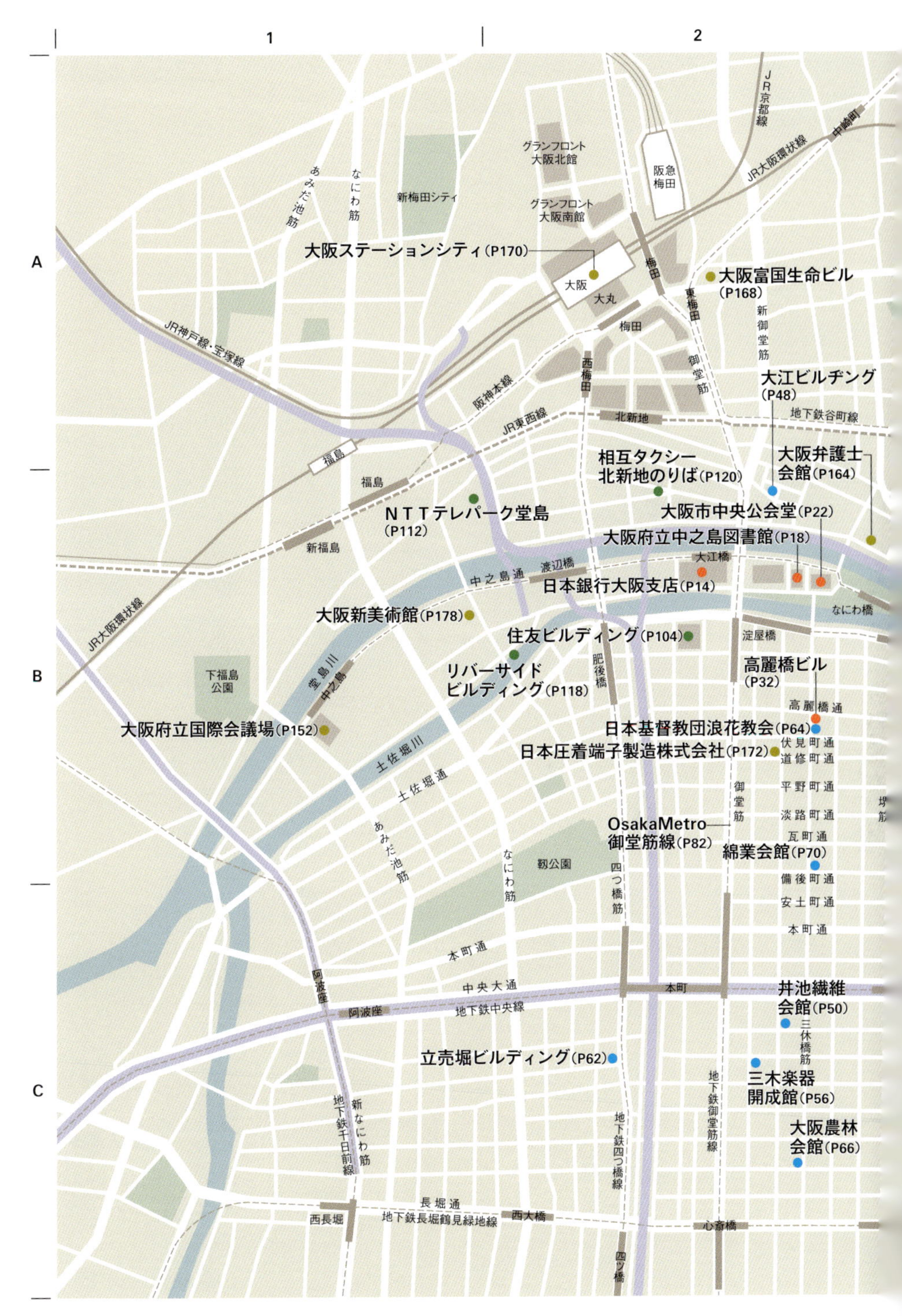
1
2
A
B
C
大阪ステーションシティ(P170)
大阪富国生命ビル(P168)
大江ビルヂング(P48)
相互タクシー北新地のりば(P120)
大阪弁護士会館(P164)
NTTテレパーク堂島(P112)
大阪市中央公会堂(P22)
大阪府立中之島図書館(P18)
日本銀行大阪支店(P14)
大阪新美術館(P178)
住友ビルディング(P104)
リバーサイドビルディング(P118)
高麗橋ビル(P32)
日本基督教団浪花教会(P64)
大阪府立国際会議場(P152)
日本圧着端子製造株式会社(P172)
OsakaMetro御堂筋線(P82)
綿業会館(P70)
井池繊維会館(P50)
立売堀ビルディング(P62)
三木楽器開成館(P56)
大阪農林会館(P66)
グランフロント大阪北館
グランフロント大阪南館
新梅田シティ
阪急梅田
JR京都線
JR大阪環状線
中崎町
大阪
大丸
梅田
東梅田
西梅田
北新地
新御堂筋
御堂筋
地下鉄谷町線
JR神戸線・宝塚線
阪神本線
JR東西線
福島
新福島
あみだ池筋
なにわ筋
中之島通
渡辺橋
大江橋
なにわ橋
淀屋橋
肥後橋
堂島川
中之島
土佐堀川
土佐堀通
下福島公園
靭公園
四つ橋筋
高麗橋通
伏見町通
道修町通
平野町通
淡路町通
瓦町通
備後町通
安土町通
本町通
中央大通
本町
阿波座
地下鉄中央線
三休橋筋
地下鉄御堂筋線
地下鉄四つ橋線
地下鉄千日前線
新なにわ筋
長堀通
地下鉄長堀鶴見緑地線
西長堀
西大橋
心斎橋
四ツ橋

なんば～天王寺
1
2
A
B
新桜川ビル（P100）
相互タクシー
南のりば（P120）
日本橋の家（P148）
一心寺（P152）
大阪市立美術館（P86）
あべのハルカス（P174）
汐見橋
阪神なんば線
なんば
大阪難波
地下鉄千日前線
日本橋
近鉄難波線
近鉄日本橋
谷町
九丁目
JR難波
高島屋
南海
なんば
生國魂
神社
南海汐見橋線
浪速
公園
JR関西本線
堺筋
松屋町筋
谷町筋
芦屋原
地下鉄四つ橋線
地下鉄御堂筋線
四天王寺前
夕陽ケ丘
新なにわ筋
なにわ筋
大国町
恵美須町
今宮戎
今宮
恵美須町
四天王寺
地下鉄谷町線
南海本線
阪堺電車阪堺線
地下鉄堺筋線
天王寺動物園
新今宮
新今宮駅前
動物園前
JR大阪環状線
地下鉄御堂筋線
天王寺
天王寺
萩ノ茶屋
今池
あべの
キューズ
タウン
大阪阿部野橋

I 天保山
天保山
公園
大阪市水上消防署（P160）
天保山
マーケットプレース
天満屋ビル（P80）
大阪港
みなと通
地下鉄中央線
築港小
築港中
旧商船三井築港ビル
（P80）
ジーライオン・
ミュージアム
（P52）

II 万博記念公園
公園東口
EXPO'70パビリオン（P126）
国立民族学博物館（P132）
太陽の塔（P122）
千里中央
大阪モノレール
万博記念公園
千里中央駅（P130）
山田
北大阪急行南北線
阪急千里線
III 伝法
伝法
公園
伝法
澪標住吉神社
覚泉寺
旧鴻池本店（P28）
阪神なんば線
IV 杉本町
杉本町
JR阪和線
大阪市立大学
（P84）